だいわ文庫

俺には俺の生き方がある

加藤諦三

大和書房

はじめに

僕は、強烈な自己というものをハッキリと感じるようになってから幸福になった。誰の人生でもない。僕自身の人生を生きるようになってから、僕は気持が落ち着いた。現在幸福な僕も、かつては、優秀でない自分は、もう幸せになれないのではないかと思った。しかし、幸せになった。そして、幸せになった僕はこれだけのことをいわずにはいられなかったのだ。

僕は、自らの固有の人格を失った人間として社会の中に埋没させられてしまいそうに感じたのだ。俺は嫌だ！　自分を失って他人のお気に召すまま生きようとするのは嫌だ！　僕は、僕自身の心の中で、生命の実在を認識したいのだ。生きている誇りを、生きている価値を、自らの心の中で感じたいのだ。俺の価値を俺の心の中で感じたいのだ。

僕はどこまでも自己を主張する。たとえ全世界が僕を軽蔑しようとも、僕は自己を放棄しない。天上天下にたった一人の味方がなくなっても、僕は自己を放棄しない。

僕が今、他人に気にいるように自らの性格を改造し自己を放棄し、他人の評価だけで動いてしまったら、一体、僕は何のために生まれてきたのだ！　そんなことがこの俺にできるか！

人はなぜ自己主張を避けるのであろうか。それは自己主張することで嫌われることを恐れているのではなかろうか。相手に気に入られようと自己主張を避ける人は多い。そして自分固有の感じ方、考え方を犠牲にする。そのように自分を偽っているうちに、自分が本当は、どのような人間であるかも分からなくなる。皆に嫌われて、一人になるのが不安なために、人は独立への願望を抑える。

たとえば、一人でどこか旅行などに行きたいと思う。しかし、その旅行に行くということが相手の意に沿わないのではないかと恐れて、旅行に行くことを止める。

これをしたら相手に気に入られないのではないかと、やりたいことを次々に諦めていく。その結果、心の底に相手に対してひそかな敵意を持つようになる。本人もそのひそかな憎しみに気がついていない。服従と敵意はわかちがたく結び付いている。

自己主張しない人は皆従順なだけかと思うと大きな間違いである。心の底の底にひそかに敵意を抱いている。そして恨みがましい性格で、人の不幸をひそかに喜んでいたりする。

「俺には俺の生き方がある」と言うことはただ自己主張することではない。

自分の不得意な領域で頑張ることをしないということである。

シカが海に行ったら生きるのが辛くなる。シカは浜辺では生きにくいのは当たり前である。シカは草原にいなければならない。

「俺には俺の生き方がある」と言うことは、シカは今、自分が居る海に執着してはいけないということである。うつ病者と同じである。

生きることに疲れた人、生きることが今辛い人は、自分が今どのような状況に居るのかをしっかりと見つめることである。

もう一度言う。シカが海に行ったら生きるのが辛くなる。

生きるのが辛いのは、自分がネコに生まれたのに、自分を鷹と思って生きているようなものだからである。

すると自分がネコなのに鷹と自分を比較する。

ライオンは吠えない。
オオカミは青い月に向かって吠える。

僕は世の人々の生き方を見ていて、叫ばずにはいられないような気持になったのだ。自分の人生を忘れ、自己を放棄し、単に人が期待するような人間になろうとし、他人に好かれようとし、自分の人生を決定するのに、まず人がどう思うかと考え、人の評価を気にして生きている人々を見ていて、たまらなくなったのだ。

「私は私であらねばならない。私はこれ以上貴方のために自分を消耗させせない。もし貴方があるがままの私を愛せるなら、私はもっと幸せになるだろう。」とシーベリーは言う。あなたの期待に沿うようにエネルギーを使うことで、もう消耗したくないということである。

交流分析の方でよく敗者、勝者という言葉を使う。そして「敗者は他人との親密な関係を持つ代わりに相手を操作して相手を自分の期待に沿わせようとする、また相手の期待に沿うようにと自分のエネルギーを使う」と言う。つまり世の中には強い立場にいる敗者がいる。たとえば、神経症の親である。子供に対して強い立場、しかし敗者。

グールディングという人の書いた『自己実現への再決断』という本に恐ろしい言葉が出ている。

「お前がお前であるために、私はお前を愛さない」原文を書いてみる。I don't love you because you are. 劣等感の強い親などに育てられた子供は、まさにこのようなメッセージを伝えられているのである。子供は実際の自分は愛されるに値しないのだと思い、他人の期待に応えようと実際の自分を軽蔑し始める。実際の自分を偽りながら他人の期待に応えようとすることは、限りなく消耗する。

劣等感の強い親は、子供を操作して自分の期待に沿うようにしようとする。すると操作される人は消耗する。私自身そのように操作され消耗していたのである。だからこそ、このように書いたのだろう。「もし自分自身であり得ないのなら悪魔になった方がましだ」〈シーベリー〉

僕は、これを本にしようとして書きはじめたものでもなかった。いわずにはいられないという緊張した自分の精神の解消のために書きはじめたものだ。ただ、自分のためにのみ書きはじめた。しかし書きはじめてみると、どうしてもこれは本にして人に読んでもらわなければならないような気持になった。

人が僕を神様と思おうが凡人と思おうが、そんなことで僕の生命の価値がはかられてたまるか！

僕は無名だということは認めよう、凡人だということも認めよう、しかし、そのことと僕の人生の価値とは無関係だ。二十代の人間の書いたものが五十代の人間の書いたものより価値がないという人は、自らの青春の美しさを放棄した人間である。

俺は俺のために生きている。それこそが最も人類を愛することなのだ。その態度なくして人類に対して何の貢献もできない。

自己なくして人を愛せるか、愛せない。できるのはただ、人に愛されようと自己をいつわるだけだ。

著者

目次

本作品は、現代の観点からは考慮すべき表現・語句が含まれる箇所があるものの、当時の社会背景を踏まえた著作であるため、専門用語を含めて出来るだけ原文のままとしています。

凡例

一、本文中のゴシック組は、『人と張り合わない生き方』刊行時及び今回の文庫化にあたり加筆された解説文です。

一、解説文中に多く引用されるヒルティーの『幸福論』については、白水社版を主に参考とした。

みんな同じ人間だ

自分だけは……

人間はどうしても、自分だけは何か特別の者であると思っている。それが証拠にパチンコ・競馬・競輪がはやっている。すなわち「馬で金儲けした奴なんかいないさ。わかっちゃいるけど止められぬ」。皆、他人がそれで損をしていることを知っている。しかし、「自分だけは」何だか儲かりそうな気がするのだ。交通事故で死んだ人の数を聞いても、自分だけは車にひかれて死ぬようなことはないと思っている。

私がこんなことをするなんて

自分は特別の人間だと、誰もが思っている。しかし、これが不幸の大きな原因のひとつなのだ。

僕の知人に、たいそうな金持で名門の夫人がいた。彼女は主人が生きている間はかなり威勢のいい女性だった。しかしやがて主人が事故でなくなると、彼女の生活も傾いてきた。

そしてお手伝いさんの数も三人から一人にへった。そうこうするうちにもっとひどくなって、彼女自身もお手伝さんと同じ仕事をしなければならなくなった。その時、彼女は何といったか。

「私がこんな仕事をするなんて、あんまりひどい」

彼女は毎日泣きながらそういっていた。彼女は自分の不幸に泣いて毎日を送らねばならなかったのである。しかし、一体彼女は本当にこんなにまで不幸にならねばならなかったのだろうか？　そうではない。

彼女は単に自分はお手伝さん達とはちがう特別の女だと思っていた、ただそれだけの為に泣かねばならなかったのだ。彼女がそんなにも不幸なら、一体この世のお手伝さん達はどうやって生きていったらよいのだ。一口で言えば、自己中心性ということである。世の中のことすべては、自分にとって都合よくあるのが当り前だ、という考え方である。

ヒルティーの『幸福論』に、ある大尉未亡人の話が出ている。大尉が突然死んだ。そこで彼女は絶望に陥る。フラッティヒという牧師が彼女を慰める。神様はきっと今後も彼女を支えてくれるだろうと言う。それに答えて、彼女は次のように言ったというのである。

神が「私を今後も支えてくれる」ということは彼女も信じている。しかし、大尉夫人という身分にふさわしくは支えてくれない、と彼女は言った。いまこの本で出した例で言えば、彼女は名門の夫人としてふさわしくない生活になったということを嘆いているのである。

彼女は、名門の夫人でなくなったことを喜ぶことだってできたはずである。ヒルティーは、市民が再び簡素な生活に戻ることを薦めているが、彼女も名門の夫人でなくなって、簡素な生活ができるようになったことを喜んでもいいのである。

お手伝いさんがいないということが彼女を悲しませているのではなく、そのことの彼女の解釈の仕方が、彼女を悲しませているのである。彼女が、自分が名門の夫人であることを得意になっていればいるほど、夫の死によって彼女は傷つく。彼女が自分は名門の夫人であると高慢であればあるほど、夫の死によって傷つく。それまでの彼女の高慢さと彼女の傷とは比例する。

またヒルティーは別の箇所で、次のように言っている。君が苦しめられることを望まないなら、誰も貴方を苦しめることはできない。苦しめられたと思うから苦しむのである。

さらに別の箇所でも、君を罵ったり、打ったりする人が、君を虐待するのではなく、こうしたことが恥辱だと言う君の観念が、君を虐待するのだと述べている。誰かが君を怒らせるなら、それは君自身の観念が君を刺激したに過ぎない。

苦しみ嘆いている人と、苦しんでいない人と体験が違うのではない。その体験の解釈が違うだけである。同じ体験をして、他人が苦しんでいないのに自分が苦しく悲しいときは、自分の内面が不安と葛藤に満ちているのではないかと反省することである。

そして、その内面の不安や葛藤を心理的に成長することで解決しようとするのではなく、栄光を求めることで解決しようとするから、よけい傷つくのである。

ウェイン・ダイアーは、水曜日は貴方が好むと好まざるとにかかわらず水曜日だと言っている。水曜日が嫌なのではなく、水曜日を嫌だと思う貴方の考えが水曜日を嫌なものにする。そして大切なのは、水曜日を呪っても水曜日は水曜日であり続けるということである。

ちやほやされて安定しようとする人は、惨めさを味わう苦しみに自分から手を挙げて降参して行くようなものである、とウルフは書いている。そしてそのような人は、創造的な活動をする機会を逃げた人でもあると言う。したがって、その喜びを知らない。

そのような人は世話をやかれ過ぎて自我肥大症にかかっていて、何かあると同じやり方で人生の諸問題を解決しようとする、だから傷つく。誰かが自分を飽食させてくれるような状況を、もう一度つくり出そうと企てる。困難な状況下から抜け出すのに楽な道をとろうとする。自分の力で人に役立つという楽しさを知らない。これらは皆、ウルフが神経症者について述べているところである。

自分の望むように他人がしてくれる権利、資格が自分にはある、そのように思うのは神経症であるとは、カレン・ホルナイの主張である。

しみじみと愛を知る時

今、われわれが思い悩んでいることのなかには、必ず彼女と同じような悩みがあるだろう。自分だけは特別の人間だと無意識のうちにそう思っている。それ故の不幸というものはかなり多い筈だ。

いうなれば、この意識が捨て切れた時、人間は一人前の社会人になれるのだ。自分も他人も同じ人間なのだ。そう思えるようになった時、グンと幸せになれる。こんなことは誰でもわかりきっていることかも知れない。しかし実際の意識のなかで、その行動の上で、このことを実践している人は一体何人いることだろう。

真理とは実践である。決して理論ではないのだ。実際にそう思い、実際にそう行動するのはかなりつらい。しかし、毎日毎日そう思うように努力するのだ。自分だけは特別の人間だと思う意識を捨てるように、日々努めるのだ。

努力しなければ幸福は来ない。幸福とは与えられるものでなく造るものだという事は、努力してこのような意識を捨てる事をいうのだ。自分の邪な心理状態と戦って、本当に自分も他人も同じ人間だと思い込めるように、日夜自分で自分に言い聞かせるのだ。そしてそのように思えるようになった時、理屈でわかっているのではなく自分の気持がそうなったとき、しみじみとした人間の愛を感じる事が出来るような気がする。

そうなると人間は素直に人を愛する事が出来るようになる。その時の幸せというのは、しみじみとした落ち着いたものなのだ。愛するとは、その人の前にひざまずきたい気持なのだろう。自分が特別だと思っている、いわゆるエリート意識の強い人に真の愛がわからないのは、当然の事なのだ。

初めて敗者の苦悩を知る

そういう僕自身、自分は特別の人間であると思っていた一人なのだ。

東京の練馬区に生まれた。そして僕が育った頃の練馬区は、東京といってもまだ農村であり、小学校中学校は、ほとんど全員農家の子でしめられていた。遊ぶ所は、いつも埼玉県の畑や野原だったし、ほとんど高校へ進学する人もいなかった。僕の通った豊渓小学校、豊渓中学校を通して、同学年で高校に進学したのは僕一人だった。

勿論、小学生、中学生時代はエリート意識等、持つ年頃ではないし、お山の大将ではあったが、素朴な平和な時代だった。ところが、高校に進学し、大学受験をする頃には、無意識のうちに、自分は特別の人間であると思うようになっていた。

大学を受けられる自分が恵まれているとは思っていなかった。「自分は大学に進むべき人間である」と思い、大学に進めない人と、種類のちがう人間であると思っていた。

勿論このようにハッキリ意識していたのではないが、自分は中学しか出られなかった人と全く同じ人間であるとは思っていなかった。種類が違うとか、同じ人間でないとかいう意識の仕方ではないが、何か物の考え方が、そのような違いは当然の事という前提の上に立っていたような気がする。

そして、東大に落ちた。これは僕が生まれて敗者の側に立たされた最初の経験であった。しかも、それには、高校時代に可愛いと思っていた女の子にそっぽをむかれ、東大に入った友人にさっさと持っていかれるという事件が続いた。その上に鼻の病気で、たて続けに手術を受ける身ともなった。

多感な時代の多感な少年であった僕には、これらの事は、耐え切れない程の重荷だった。

そんな風にして浪人している自分に、中学時代の友達のお母さんが言った言葉は忘れられない。

「諦三さんは、幸せですねえ」

勿論、その時の僕の答は、「そんな事ありませんよ」というものだった。

浪人時代に考えたこと

浪人時代というのは、暇なものである。この時の僕は、予備校にも行かず、自分で勉強すると称して家に一人で居たのであるから余計に暇だった。やがて色々の本を読み始めた。暇だから考えた。そして、はじめて不運という事を知った僕は、人間の運命というものを真剣に考え出したのである。

してみると、言われたときには余りにも意外だった、「諦三さんは、幸せですねえ」という考え方を肯定せざるを得なくなって来た。自分は彼等と違う人間であるという事は、どうあがいても証明出来なかったのである。

まだ当時の僕には、自分は中学しか出ないですぐに働きに出されても何も文句のいえない人達と同じ人間なのだと考えることは、非常に苦しいことだった。しかし、自分が喜んだり悲しんだりしているのと同じように、彼等も喜んだり悲しんだりしているのだ、自分の喜びや悲しみは、彼等の喜びや悲しみより高級なものでもなんでもない。

自分が周囲から尊敬されたがっているのと同じように、彼等も周囲から尊敬されたがっているのだ。僕はそれに気がつきはじめた。

自分には、これ以上の好運を望む権利はないのだと思った時、僕は絶望にうめいてしまった。

自分は、人より良くなろうと望んでいる。

しかし、他人も同じように人より良くなろうと思っている。神の目から見れば、それは全く同じ重さのものでしかないのだ、そう知った時の僕の苦悩は大きかった。

当時の僕の日記には、次のようなことが書かれている。

「ああ、この俺が、これだけ苦しんでいる。この恵まれている俺がこれ程苦しんでいる。

それなのに、僕より恵まれていない他の人は、どうやって生きているのだろう。

この不幸な僕より不運に生まれながら、どうしてみんなは生きていかれるのだろう。今の自分に欠けているものは何もないと知りながら、僕は苦しくて生きていかれない。

ベートーヴェンは、神に向かって、〝あなたがつくったもっともみじめな魂〟といっているが、僕には、それがいえないのだ。それがいえないから苦しいのだ。自分のように恵まれている魂において、なおこれだけ苦悩を味わわねばならないと思うと、僕は人間であることが恐いのだ。

自分より不幸な人を見ると、ただ苦しくなるだけだ。自分より可哀そうな人がいるということは、弱りきった人間にはただ苦痛と生きることへの恐怖しか与えないのだ。自分は、これ以上不幸になる可能性がある。僕はそれがこわいのだ。そしてたとえそうなっても僕は何も文句をいう権利はない。自分は、これ以上不幸になったら生きていかれない」

「ああ、人間である惨めさに僕は耐えられない」

「もし僕が、自分は特殊な人間であるという気持を完全に捨てることができるならば、Aのお袋の言うように、自分は幸せになれるのだ。しかしその前に人間であることの惨めさに敗けてしまいそうだ」

当時、僕はまだ気がついていなかった。自分が辛いのは、自分が今まで本当の自分を偽って生きてきたからだということを。

他人が自分をどう思うかを恐れて、他人の眼に自分をあわせて生きてきて自己喪失すれば、誰だって惨めになる。

おまえも人間か

こんなことを日記につづりながら、僕は、どうやら、自分も他人も同じ人間だと、諦めて思うようになり、たて続けにおそった打撃の興奮からも、いつしかさめていった。そして、はじめて人間としての連帯感を持つようになった。

道行く見知らぬ人にも、「お前も人間か、俺も人間なんだ」という気持が心の中に芽生えてきた。それからは気持が楽だった。

大学に行けないからといって、特別に自分が苦しいと思うのは、自分が大学に行ける特別な権利を持った人間だと思っているからだ。名誉が得られぬからと苦悩するのは、自分は特別に名誉を得る権利を持っていると思うからだ、そんな気がしてきた。

僕は小学校、中学校と、開校以来の秀才といわれ、開校以来の餓鬼大将で通してきた。それを僕は当然のことと思って生活してきた。しかし、もともとそんな権利は僕には何もないのだということに気がついたのだ。僕は他の家庭の息子と同じ権利しか持っていないのだ、と毎日自分にいい聞かせた。

「すべての人間は平等につくられている」という人権宣言の言葉を受け入れることは、それまでの僕には苦痛だった。しかし、その苦痛を乗り越えて、その言葉を受け入れた時、僕は、浪人であることの苦痛や、友達に裏切られたような気持の口惜しさ、可愛い女の子に振られた悩みや、鼻の手術の激痛からは、次第に解放されていった。

あまりにも多い気の毒な人

そんな苦痛から次第に解放されていくようになってから、あらためて周囲を見直すと、自分が特別に選ばれた者であると思いこみ、世の中がそれだけの待遇をしないといっては、怒る人がたくさん目に入ってきた。それまでの僕みたいな人間だ。皆で集まって楽しく遊んでいる時、自分だけを特別扱いしないと不愉快になるのは、良家のお嬢さんによくあることだ。しかしこういう人は気の毒な人だ。

人間は誰でも特別扱いされるとうれしい。しかし、それよりも心と心がひとつにつながった時の喜びには、なお深いものがあるように僕は思う。

どうせ私なんか、と世をすねる人間もいる。幸せを自分から捨てている人間なのだ。特別扱いされたいと思う、あるいは逆に、私なんか……と言ってすねる、これは人間の幼稚さである。しかし、このような幼稚さを改造していかなければ、人間はいつになっても幸福になることができない。

勝気で自己中心的、これはその人の情緒未成熟をあらわしている。

幸せになりたいと思っていない人なんか、この世にいやしない。幸せになろうとしているのは自分だけだと思ったら大まちがいだ。だから、自分だけ幸せになれるような方法を要求するのはまちがいなのだ。

そのかわり人間は、努力すれば必ず幸せになれるようにできている。誰でも必ず幸せになれるようにつくられている。幸せになれない人間はいない。しかし、幸せになろうとする努力をしなければ必ず不幸になる。原理は簡単なのだ。

神様は実に人間を平等につくっている。不平等だと思う人間は根性が曲っているのだ。

幸福か否かは本人だけが知っている

金持になれば幸福になれる。名誉が得られれば幸福になれる。もしそうであるなら、人間は不平等に造られているといわねばならない。

しかし現実の周囲の人を見まわしてみたまえ。金を持ちながら不幸だといっている人がなんと多いことか。名誉がある為に、それに振りまわされて落着けない憔悴の人や、ノイローゼの人がなんと多いことか。

たとえ金や名誉を求めてそれを得たとしても、決して幸せになれるものではない。求めて得たら、それを失うまいとして落着いていられぬのが当然だ。気楽さのないところに幸せがあると思うか。気楽にくらしていられれば、それだけで幸せではないか。金や名誉は求めて得るべきものではない。求めて得ればそれが不幸の原因ともなる。求めて得たものでなければ、金があっても名誉があっても気楽な筈だ。

有名な人で自殺した人が何と多いことか。有名な人を見て、金持の人を見てうらやましいと思うのは、こちらがわの心境だ。幸せだろうと思うのは、我々の気持だ。当の本人がそれをどう思っているかは、全く別のことなのだ。見知らぬ人に幸せだと思われたとて、当の本人が不幸なら仕方のないことだ。

高校生は東大に入れればいいと思っているかも知れない。しかし東大生本人が幸せかというと、そうでないといった方が正しいだろう。東大で一番の人が、僕にこう告げたことがある。「私は世界一孤独というより、それを越えて孤独そのものです。相対的孤独ではない、絶対的孤独なのです」

東大生は幸せだろうと思うのは、東大生でない人の見方だ。東大で一番になれば幸せだろうと思うのは、東大で一番でない人間の考え方だ。もちろん東大生が皆不幸だというのではない。幸福な人もたくさんいる。だがその場合でも、東大生であるかどうかは、幸福かどうかということと無関係なのだ。

マッカーサー元帥のように何でもできる人になりたいといった高校生がいた。しかし、マッカーサーの立場になれば、それはそれで思うようにならないことが次々に出て来るのだ。マッカーサーが何でもできると思っているのは、マッカーサーでない人びとの考えだ。ナポレオンやヒットラーがどれ程不幸であったかを考えたまえ。

ヒルティーは『幸福論』の中で、次のようなことを述べている。「非常に尊敬されている人や、あるいは非常に権力のある人や、あるいはその他の名声のある人を見たら己の想像に欺かれて、彼らが幸福だと思わないように、用心する方がいい」

確かに我々はともすると権力のある人や名声のある人を見ると、その人たちが幸福と思いがちである。しかし、決してそんなことはない。

そして大切なことは、そのように富のある人や名声の高い人をすべての人が幸福と思っているわけではない。そのように非常に権力のある人や、あるいは非常に尊敬されている人を見て、何とも思わない人も、またたくさんいる。

ではどのような人が、己の想像に欺かれて、そのような人を見て幸福と思うのであろうか。それは自分自身が尊敬されたいと強く願っている人、自分が権力を激しく求めている人である。

自分の人生の第一の目的が自己実現というような人は、けっしてそのような人を見て幸福とも思わないし、その人たちのことを羨ましいと思わない。したがって妬むこともない。また自分が満ち足りている人は、そのようなことを思わない。不満な人や虚栄心の強い人が、己の想像に欺かれて、その人たちが幸福と思い、妬むのである。

虚栄心の強い人は自己実現していないし、自己実現している人は虚栄心とは無縁である。

不断の努力こそ

勿論有名人でも幸せな人はたくさんいる。その人達は、幸せになる為の人間らしい努力をした人である。彼等に幸せをもたらしたのは有名であることではない、人間らしい努力なのだ。

立場や環境を越えて人間は幸せになれる。神はそれほど人間を不平等にはつくっていないのだ。

そして、もうひとつ大切なのは、幸せとは、いったんそのような気持になれば、あとは放っておいてもずっと幸せであり得るというものではないということだ。

自分も人と同じ人間だという気持にいったんはなっても、人から特別扱いをされることが度重なると、いつしか昔と同じように、自分はやはり特別な人間だという気持に逆もどりすることになる。すると再び不幸が訪れる。

幸福とは、血みどろの努力によって獲得し、不断の努力によって保持すべきものなのだ。

何かうまいことはないか……

最近は「○○に強くなる本」とか「○○の良くなる本」といったような本がたくさん出ている。誰でも頭はよくなりたいし、強くなりたい。しかし、一冊の本を読んで幸せになれるものではない。今述べたような単純なことを日夜地味に努力し続けている間にできて来るものなのだ。

幸運ということも世の中にはある。あいつは幸運な人だと思うこともよくあろう。しかし、地味な努力なしに得た、そうした偶然の幸運は一瞬のものであり、しかもそれ故に、より大きな不幸に至ることもよくあるのだ。

「学問に王道なし」というように、幸福に至る道にも王道はない。

最近は飲めばすぐ効く疲労回復剤のように、読めばすぐ頭が良くなったり幸福になったりしそうな本がたくさん出ている。確かにそうした本は薬のような役割を果たす。しかし「基礎体力」をつけることはできない。体を強くするのに栄養剤ばかり飲んでも駄目で、運動や睡眠が大事なように、心を強くするにも、そうした精神の基本的訓練が必要なのだ。

幸福になれる、なれないは、こうしたわかりきったことを実行できるかどうかにある。

意味のある青春、充実した人生を送れるかどうかは、まさに、このわかりきっていることを実行し得るかどうかにかかっているのだ。素晴しき生涯を送る秘訣というのは、こうしたわかりきったことを地味に実行すること以外にはないのだ。

特別に自分だけはうまいことをやっていい人生を送ろうという根性を捨てなければならない。自分にだけ何か幸運がめぐって来ないかという期待は、誰でも持っている。しかし、これを捨てないかぎり幸せにはなれない。他人より素晴しい青春を送りたければ、他人より努力する覚悟をしなければならない。

「何かうまいこと」この気持を捨てられるかどうか、これが幸福に満ちた生涯を送れるかどうかの第一の分岐点である。

幸福とは絶対に与えられるものではない。自分自ら獲得するものだ。人間は生れながらにして不幸への芽と、幸福への芽を持っている。この二つの芽がなければ人間ではない。我々がどんなに羨しいと思う人間でも、この二つの芽がある人間だ。これは人間の宿命である。

自分だけに何か特別に安易な人生が用意されていることを要求する人は、神経症である。

ヒルティーの『幸福論』の中の註にダンテの神曲が書いてある。この山を登ろうとするものは、その山麓で、大きな困難に遭遇するが、登るにつれてそれは減じるであろう、というものである。そして、その後に次のようにつづく。されば、おんみの苦労が「愉快」に変わるとき、登攀はいともたやすくて、急流を小船で下る思いであろうという詩である。同じくケンピスという人の次のような詩が出ている。一切を捨てよ、さらば一切を得るであろう。

要するに自分へ執着すればするほど、苦しみは多く、滅びに至るということであろう。しかし、自分への執着を捨てれば、そこに深い幸福を味わうことがある。このヒルティーの考えやダンテの考えやケンピスの考えは、別に珍しいものではない。しかし、それだけに真実に近いのではなかろうか。

安易な道は、結局幸福にはいたらない。ヒルティーは、いまだかつて、何人も安易な道をとって、幸福に到達した人はいないと言う。

そして、次のように言いたいと書いている。もしその一生が労苦と勤労であったとしても、それにもかかわらず、なお貴きものでした、と。

「これが幸福なのだ!」

不平屋は不幸者

名門の家に驚くべき才能と美しさを持って生れた女性といえども、やはりこの二つの芽を持っている。だから努力しないでいれば、すべての人間は不幸になる。しかし、努力すればすべての人間は幸福になれる。なぜなら、自分が幸せだと思っている人間が幸せであり、自分が不幸だと思っている人間が不幸だからだ。

幸福とは、自分自らが幸福と感じることである。

高校三年で失明し、安住の世界を童話創作にもとめた佐々木たづさんという女性が、盲導犬のことを思いついた時、「これで、自分一人で歩けさえすれば、自分にはもはや不自由はない!」と思ったと、『ロバータさあ歩きましょう』という本の中で述べている。

また、『愛と死をみつめて』の著者、大島みち子さんも、顔半分をなくしてしまう危険を前に、「私はこんなに幸せでいいのだろうか」といっている。

あまりにも恵まれている人間は、決して自分の持っているものに気がつかない。どんなに多くのものを与えられているとしても、不平ばかり言っている人間はやはり不幸であろう。

持っているものより、自分が持っていないものばかりが気になる人間は不幸である。どんなに与えられても、人間は、感謝することを知らないかぎり不幸である。

人間は、はじめは誰でも持っていない物ばかり気になって、不幸に思うようにつくられている。その不平タラタラの気持を、感謝するような気持につくりかえていくことが、幸福は自分で獲得するということの本質なのかも知れない。佐々木たづさんは、目が見えなくなって、はじめて自分の持っているものに気がついたのだろう。

欲張りという殻を脱ぐ時

大島みち子さんとか、佐々木たづさんとは勿論比較できるものではないが、僕も、浪人時代、ロマン・ローランの『ジャン・クリストフ』を読んだあとで感動して、日記にロマン・ローランの文を自分のなかに消化して、次のように書いている。

「……そうなんだ、そうなんだ、欲張りという殻を脱ぐことなんだ。

今の僕は一体これ以上何を要求するのだ。恵まれたる家庭、広大なる自然を愛する能力、感傷にひたりつつ夕暁の空をながめる時、〝諦坊〟と呼びかけてくれる友達。一体、今の僕に何が不足しているのだ。

自分より実力のない人が東大に入って、自分が落ちたということが、たった一人の友に裏切られたことが、たかが一人の女性からの侮辱が、一体何だというのだ。

運命は本来悲惨なるものではないか。生命とは一個の悲劇ではないか。

それなのに今の自分の恵まれたる環境を、どう思うのだ。過ぎたる幸福という大敵が自分の心をおかしていたのだ。

傲慢と感謝を知らない我が魂、恐ろしいまでに謙虚さを失った我が魂。神様、傲慢だった私を、あなたを憎んだ私を赦して下さい。

今、僕は自らの誇りの空虚さを、自らの傲慢の空虚さを知った。

……ああ、なんという幸福感、太陽の光線の中でウットリと眠くなる、青い青い大空のかなたに歓喜の声を鳥があげている。

おお、生きていることの絶妙さ、なんたる心のやすらぎ……」

人間は、一切のものから見捨てられることを当然と心得なければならない。一人の親だけ残っても、一人の友だけ残っても、体が不自由になっても、眼が見えなくなっても、何かがあるかぎり感謝しなければならない。生きていられるなら、唯それだけで感謝しなければならない。

そういう気持になった時、人間は幸せを感じるのだ。しかし、その気持は、自分で、自分の心の中に創らなければならない、その気持は与えられるものではないのだ。

幸福は、誰にも与えられない。自分で造るより仕方ない。

ヒルティーが、わがままな人間は不幸であるということを言っている。どのような表現かというと、わがままは、すべての肉体ならびに精神の不健康に陥り易い、もっとも不幸な素質であるという表現の仕方である。

欲張りはいつも不幸である。いつも不満である。いつも愚痴をこぼすことになる。いつも自分が不当に扱われているように感じる。そして、いつも腹をたてている。それは心にも体にも悪い。

ヒルティーは良い行為を妨げるのには、二つの邪魔者があると述べている。一つは虚栄心、もう一つは貪欲である。この二つだけかどうかには問題があるが、たしかに虚栄心と貪欲とは、人を不幸にする重大なものである。貪欲な人は売り手の気持ちも考えずに、安く買ったといっては喜び、節約しない方がいいものを節約したりするという。

貪欲に対しては、喜んで与えることがそれを克服するのに役立つという。そして貪欲は食べることによって生じると言われるように、与える喜びも、ただ与えること自体によってのみ生じる。このようにヒルティーは考える。要するに人間というのは、人を救おうとすることで自分が救われるのであろう。

完全な人間だと思ってもいけない

自分は特別な人間であると思ってはならないと同時に、完全な人間だとも思ってはならない。

あたりまえだ！　というかも知れないが、自分は「いい人間」だと他人に思ってもらいたいと思っている人が何と多いことだろう。自分は完全な人間だと他人に思ってもらいたいと無意識のうちに思っている人は実に多い。自分は「いい男」「いい女」だと他人に思ってもらいたいと思っていない人が一体どのくらいいるだろう。勿論程度問題で、その意識の少ない人もいれば、強烈な人もいる。中には全然ない人もいるが。

ある人はそれをプライドという言葉でごまかしている。だが、そんなのはプライドではない。単に自分の心のみにくさと弱さをあらわしているにすぎない。

たとえば自分は傷つき易いという。人から悪口をいわれればすぐに傷つく。こういう気持が過度になると、失恋した時に傷つく自分を思って恋をはじめることさえ躊躇する。自分が完全でないと他人に思われていると思っていれば、どうして悪口をいわれて傷つくか。自分が完全でないと他人に思われていると承知していれば、人から面と向かって悪口をいわれても、こきおろされても、「ああ、そうかな」と軽く思うだけのはずであって、傷つくことなどは到底考えられない。

罵倒されて、「ああ、そうかな」と思ったらあらためればいい。それでも自分が正しいと思っていれば、そんなことは無視すればいいのだ。

悪口をいわれて傷つくというのは、自分の心の奥底では、自分は、「いい女だ」「いい男だ」と他人に思われていると思っている証拠である。口先では「自分は欠点のある男だ」「自分はいたらない女だ」といっていながら、心の底では、自分はすばらしい人間だと他人に思われていると思っている人がいる。もっとも傷つくのは、こうした種類の人間なのだ。

正確に言えば、傷つく人は次のような人であろう。傷つく人は、心の底から自分は完全な人間と思っている人ではない。完全でなければならないと思っている人である。完全でなければならないと思っているのだが、心の底では実際の自分は完全ではないと感じている人である。それが劣等感である。

そして、自分は完全ではないということを自分自身が認められない人である。そして、自分は完全な人であることを、自分と他人に認めさせようとしている人である。

ところが他人がその人を完全とは認めない、そこで傷つくのである。本当に自分に自信がある人は簡単に傷つかない。本文中に「自分が完全でないと思っていれば、どうして悪口を言われて傷つくか」と書いているが、正確に言えば、「自分が完全でないということを自分が受け入れていれば、人から悪口を言われてもそう簡単には傷つかない」ということであろう。

自分をけなすことによって自分の価値をあげようとする人がいる。それは自分の価値をあげるための最も安易な方法であると言われる。したがって、俺はダメだと言っている時に、その人は、「そんなことはない、君は立派だ」と言ってもらおうとしているのである。

自分を卑下しながら、「ほら、自分はこんなに立派でしょう」と、心の底で自分の価値を誇示しようとしているのである。

決定的瞬間に漏らした言葉

ある男が、日頃こういっていた。高校時代である。

「僕なんか東大には受からない。僕は頭がわるいし、器も大きくない」

その男は通俗的な意味で秀才だった。そして東大に受かった。そしてその受かった決定的な瞬間に、その男はなんといったか。

「僕のクラスで誰か受かるとすれば、それは僕だと思っていた」

これが彼の心の底にあった気持なのだ。そして、その男がある時こう漏らした。

「傷つくのが怖くて、人と接するのがいやだ」

ある東大の才女で、常々自分はいたらない女だといっていた人がいた。その女性がある決定的瞬間にふと漏らした。

「東大の女が一番いいに決まっている。他の大学の女なんて何も内容がない。私は自分が一番いい女だと思っている」

その女性はクラスで雑誌をつくっても決して何も書かなかった。彼女は、下手な文章でも書いて、もし皆に軽蔑されると……と考えたのだ。僕は、彼女とはずいぶん話をしたので、彼女の心の中がドロドロに傷ついていることを承知していた。

自分が一番いい女だと他人に思われていると思っている女ほど傷つき、自分が一番いい男だと他人が思っていると思っている男ほど傷つく。

自分が優れていると他人に思われていると思っている女と、自分はそれほど完全な男ではないと他人に思われていると思っている男が恋におちた。やがて、女は男にいった。「傷つけ合うばかりの恋には、もう自分は耐え切れない」と。男には何の意味だか解らなかった。

ヒルティーの『幸福論』の中に、次のようにある。人を愛さなければならないのは、人が愛に値するからではなくて、それによってのみ、自他ともに傷つくことなく生きてゆくことが可能だからである。

それにもかかわらず、我々はなんと多くの恋愛でお互いを傷つけあうという過ちを犯すことだろう。それは、相手の自尊心を犠牲にすることで自分の神経症的自尊心を満足させようとするからである。

本文中に、「自分が一番いい女だと思っている女ほど傷つき……」とあるが、正確には次のようになろう。「自分は一番いい女でなければならないと思っていながら、心の底では自分が一番いい女であることに自信がない女ほど傷つく」ということであろう。

ヒルティーが自己卑下とは、ほとんどつねに隠れた虚栄心の兆候であると述べている。そして非常に卑下した態度をとる人々は、決して完全な信頼がおけないと述べている。

本文中にあるように、余りにもしばしば、自分は欠点のある男だとか、自分はいたらない女だとか誇大にいいふらす人は、やはりヒルティーの言うように、虚栄心を隠しているのだろう。そしてやはり信頼がおけない。

親友に罵倒された経験

こんなことをエラそうにいっている僕も、勿論、人並みに、心の奥底の意識では、「自分は、いい男だ」と他人に思われていると思っていたことがある。

高校時代のグループが、ある旅先の宿で議論した時だった。友の一人から、僕は「君はひとつも優秀ではない。いやな人間だ、どうしようもない人間だ」と罵倒された。勿論、冗談ではない。相手は真剣だった。本気だった。僕は今でも、その旅先の宿で深い傷を負ったのを覚えている。その当時、僕は内心で自分は優秀な男だと思っていたのである。

女子大生は「女の子」といわれると怒る。自分が女の子ではない、もう立派な女性だと他人に思われたいと思っているからだ。

僕についていうと、自分を特別な人間だとも、完全な男だとも、他人に思われたいと思わなくなってからは、本当に気が楽になった、心の中はカラッと晴れ渡っている。

こきおろされても笑っていられる時

ある時、ある女性記者から僕は徹頭徹尾こきおろされた。そして、その女性記者が最後に、「あなたって、幸せだなあ」ともらした。その時は、もう何をいわれても、どんな非難をされても、自然と笑えてきてしまう時だった。相手を怒らせようと思って笑っているのでなくて、本当に愉快なのだ。しかし、笑っている時ほど相手の罵倒を冷静に判断できる時はない。

「ああそうか、そういえば、たしかに俺にはそういったところがあるなあ」と反省できるのは、やはり笑っている時である。

「もう手も足もつけられない」とその女性記者はあきらめたが、実は彼女は、手も足も十分ついたのであると、僕は思っている。

大学時代の友達とはよく、「おまえも馬鹿だなあ。心がすさんでるなあ」といいあうものだ。僕も相手も本当にそう思って言っている。しかし、どうしてだかしらないが親友なのだ。冗談でなく、本気でけしからん男だと思っているのに、心と心がつながっている。不思議といえば不思議なグループだが、鼻もちならないお高い人たちと居て気がつまるような会話だけをしているのでは、友達とはいえないだろう。

問題は相手を批判する時、悪意があるかないかである。批判にトゲがなければ、お互いに批判しあっても気分はいい。

軽蔑やカゲ口というのは、陰険でいやなものだが、非難罵倒というのは何かスポーツのように気分のいいものだと、今の僕は感じる。

自分が特別な人間だとか、「いい人間」だとかきわめて下卑た、みにくいプライドがなくなった時に、快晴の人生が始まる。

僕は、恋をする時は、「私はいい女なのよ」という意識のない女性としたいものだと思っている。

自分に本当の自信があれば、他人の言葉に傷つかない。ところが、虚栄心が人一倍つよくて他人に自分を実際以上に見せようとすると、他人の非難に傷つくことになる。

自分は素晴しい女であるというイメージを大切にして生きていればいるほど、自分のそのイメージが傷つくことを恐れる。そしてそのイメージが傷ついたら生きていけないように思う。高慢な人ほど傷つきやすいという。

高慢な人ほど、実は心の底に根深い劣等感があるからであろう。その根深い自己蔑視の反動形成が高慢である。そして、その根深い自己蔑視故に素晴しい女というイメージを必要とするのである。

反動形成とは性的興味が抑圧され、結果として極端な恥ずかしさが誘発されるようなものである。

相手を
蹴落として
何になる

人生は戦いの中にある

人生の喜びも悲しみも、生き甲斐も誇りも、平穏無事の中にあるのではない。人生の一切合切は、戦いの中にある。波乱の中に人生のすべてがある。真の戦いとは国同士の戦いではない。人生の困難との、自らの運命との戦いこそが戦いである。自分自身との戦い、これこそが戦いの名に値する戦いである。そうした意味で、人生のすべては戦いの中にあるのであり、安易な平和の中には何ものもない。尊いものはすべて戦いの中から生れる。価値あるものは戦いの産物である。安易な平和からは何も産れない。

国同士の戦いにおいては、すべての人間が英雄にはなれない。しかし、人生の戦いにおいては、すべての人間が英雄になりうるのだ。現実の世界においては王者は一人しかいない。しかし、人生の戦場においてはすべての人間が王者になりうる。人生の戦場において、ガッチリと何かをつかんだ時、いってみれば、自らの思想をつかんだ時、その人は王者の誇りに満ちるのだ。自らの思想をつかみえないものは、戦場において刀をもたない人間である。必ず切られる人間である。その思想もまた人生の戦いの中から生れるのだ。

理想に向かっての戦い、あるいは病との戦い、失恋との戦い、そしてまた絶望との戦い、人生は戦いの連続である。したがって、それはまた同時に歓喜の連続でもあるのだ。

それにしても、すべての人間が英雄であり、王者であり、そして限りない誇りに満ちていたならば、この世の中はどんなにすばらしいことだろう。

人と一緒にいるとすぐに優越しようとあがく人間がいる。他人に優越することで、自分の心の葛藤を解決しようとしているのである。彼は人生の英雄ではない。他人のことばかり気にする人間がいる。いつも他人に自分の価値をおびやかされているように感じる。彼は自分の思想をもっていない。他人に勝たないと落着いていられない人間がいる。他人に勝つことで自分の悩みを解決しようとしているのである。彼は人生の王者ではない。人生の英雄はいつも明るく笑っている。

栄光を得ることで自分の悩みを解決しようとしている人間は神経症である。

闘争とは　競争とは

闘争とは相手を傷つけることだ。自分と同じ人間を、自分と同じ幸せな人生を望んでいる人間を、自分と同じに生きる権利を持っている人間を、傷つけることなのだ。

闘争は相手の幸福を否定することなのだ。相手の権利を否定することなのだ。相手の生命を否定することなのだ。他人の生命を否定し、自分の生命だけを肯定することなのだ。他人の生命を否定し、自分の生命を肯定する。これは生命の本質を生かすことではない。相手の生命を否定するのは、単に自分のエゴを肯定するだけのことなのだ。

相手の生命の躍動を、相手の生命の泉を否定しなければ、自分の生命を生かすことができないならば、人間が生きていく必要はまったくない。そんな世の中ならば、人間は生きる必要はない。

生命の讃歌は、自分だけの讃歌であってはならない。人間自体の讃歌でなければならない。だが闘争にあっては、相手を傷つけない限り意味がない。相手が幸福であるかぎり、闘争の勝利者とはなり得ない。闘争にあたっては、相手を不幸のどん底につき落した時、はじめて勝利者となれるのだ。

そして残念なことに、人間にはこの闘争本能というものがある。しかも、この闘争本能はかなり強いようだ。

がぜん闘争心を燃やす

高校時代に、ある男が、僕のことを「扱い易い、利用し易い男だ」と言ったというのを人づてに聞いて、烈火のごとくその男に闘争心を燃やしたことがある。僕が高校時代の実力テストの試験で一番いい成績をとったのは、その後だった。

いつもの実力テストは、いい成績をとりたいくせに、試験のことが気になっているくせに、「実力テストなんか何の意味がある」と妙に虚勢をはって、テストの前日等は、わざと遊んだものだったが、その時は、その男にどうしても勝ってやるということしか考えていなかった。

高校時代には、自分自身の闘争本能に勝とうなどとは思わなかった。他人と闘争することより、自分の闘争本能と自分の心の中で戦い始めたのは、高校を卒業してからだった。

僕が相手の不幸を願った時

闘争本能とは、自分以上に相手が幸福になることを好まないという本能である。自分が誰よりも幸せでありたいと願う気持である。

西洋の諺にも、「人間は誰でも他人の不幸には同情できるが、他人の幸せを喜べる人は少ない」というのがある。いや、他人の不幸を見てホッとする気持さえ人間にはある。

人間には、素晴しい点もある。しかし、一方にこうした醜いところもあるのだ。おそらく誰でもこうした二つの相反した性質を持っているのではなかろうか。僕にもこの二つの相反した気持がある。

僕も相手の不幸を願ったことがあった。それは、浪人した時に僕を見捨てていった女の子のことである。その人が幸福でいるかぎり、自分は幸福に生きていくことができないのではないか、とさえ本気で考えていた。十代の多感な時代である。僕は浪人時代でも、いつもいつも昔の高校の仲間と付き合っていた。そしてその高校の仲間と付き合っているかぎり、僕をあっさり捨てていったA嬢の噂も聞かねばならないし、たえず僕に高圧的な態度で接していた昔のクラスメートB君の噂も聞かねばならなかった。

A嬢はすでに女子大生であり、B君はすでに東大生だった。昔からの仲間と会って遊ぶことは楽しかったが、その噂を聞かねばならぬことが苦しかった。そして時に、その噂を聞くく辛さ故に、仲間と会うのを避けたことさえあった。A嬢の行っている女子大の前の駅を、自分が乗っている電車が通る時は、目をつぶったりしたものである。

A嬢を憎み、B君を恨んだ。そして、A嬢か、B君に何か不幸がおこらないかぎり、自分は神様なんぞは信じないと思ったことさえあった。その女の不幸を、その男の失敗を僕は望んでいた。そんなことは男らしくはないとわかっていた。しかし、自分の気持をどうすることもできなかった。

卑しい自分と知りながら

その後、いろいろな目にあうたびに、苦しい時、悲しい時には、他人のお説教など何の役にもたたないことを感じた。お説教する人が言うことは、百も二百も承知している。しかし、自分の気持はどうすることもできなかった。

もっと強くなければならないと思っても、現実には強くなることはできなかった。他人の失敗を喜んだり、成功をねたんだりする自分を、いやらしい、ちっぽけな男だと思った。もっと男らしくならなければいけないと心に言い聞かせても、心の底のどこかで、他人の失敗をいい気味だと思う気持が働くのをどうすることもできなかった。

僕は正しいと思う通りに生きようと必死になっていた。真面目に生きようと僕なりに努力していた。そんな時、僕を見下げて笑っていた人、あるいは僕を一段下に見下げて忠告などをしていた人が失敗した時、やはり悪い気はしなかったのだ。

相手の不幸をいい気持で眺めるとは、たとえ相手がどんな人間であっても、許されない。そんなことは、わかっていた。人間がどうしなければいけないか、立派な人間は、どう思わなければいけないかということもわかっていた。しかし自分にはどうしてもそれが実行できなかったことが、何度かあった。自分を傷つけた相手が、傷ついて苦しむのを見るのがうれしいという闘争本能、この闘争本能を残念ながら生れた時には、人間は持っている。

闘争本能というより、これは神経症である。

自分の本能に勝つこと

人間には素晴しい性質と、ちっぽけな性質がまじりあっている。そしてこのちっぽけな、いやらしい、醜い性質を努力してなおしていくところに人生があるのではないかと、今の僕は思っている。

善と悪と相半ばして生れた人間が、努力に努力を重ねて、自分の中の悪に打ち克っていく過程が人生なのだ。

そして死ぬ時には、善だけしか残っていない。それこそが輝ける人生なのだと、今の僕は信じている。

真実とは理論でなくて実践であると前にも述べた。行為も、気持も、すべてが善になった時、それが真実なのである。

そして、おそらくは、今自分が感じている自分の中の悪が、すべて自分の心からぬぐい去られて、自分が感じている自分の中の善のみが残ったその日が来た時、その時には、再び、より善なるものとそうでないものとが、感じられてくるだろう。そして、そのより善なるものに自分の行為と気持が一致した時には、やはりそれよりもはるかに善なるものが、心の中に見えてくる筈である。

かくて真実は無限である。

現在考え、見えている真実がある。それに達した心には、その向こうにあるより進んだ真実が見えてくる。一つの山を越さなければ、その向こうの山は見えない。その向こうの山は、手前の山を越した者にのみ見えるのだ。だから自分と同じに幸福になる権利を持つ人間を傷つけようとする、この自分の中にある闘争本能に先ず打ち克っていくところに青春の一つの大きな意味があるのだ、と僕は思っている。

この戦いに勝たなければ、「ああ、生れてきて良かった」と、しみじみ感じることはできない。そしてそれができなければ、静かで大きな幸福にひたることができないということだけは、確かである。

二人の自分を想像する

闘争本能の満足を求めて世界征服を企てたナポレオンやヒットラーは、どんなに心の中に不幸をかみしめていたことだろう。どんなにか空虚な気持を抱いていたことだろう。

今、僕は、自分の心の中に描いてみる。使命感や、信念ということでなしに、闘争本能の満足を求めて世界を征服し、人民の歓呼に手をふって皇帝の地位についた自分の姿を。だがその時はすでに、僕の心の中にやりきれない空虚さと、みじめさと、孤独が芽生え、自分をさいなむであろうことは明らかである。その時の僕は、本能自体は満足させきれずに、絶体絶命の立場に立たされているのである。

僕は今、ナポレオンやヒットラーや、アレキサンダーのような英雄が不幸だったと、勝手に想像して言っているのではない。ヒットラーならヒットラーが書き残し、言い残した言葉に証明されている英雄のことを言っているのである。

次に逆の立場を想像する。自分に対してどのような仕打ちをした人間であっても、その人が幸せなら、その姿を見て、心から祝福してやる気になれている自分のことを。

その時の僕は、どんなにか誇りに満ちていることだろう。どんなにか人生の勝利に酔い痴れていることだろう。そして心の底から湧き上がる喜びをかくしきれず、一人でニッコリと笑っていることだろうと思う。

豊臣秀吉は安易な道を歩んだ

世の中に不満をいだいた時、人からひどいことを言われた時、「クソ」と思うのは易しい。そして「ようし、見返してやるぞ！」とふるいたつのは易しい。「猿、猿」と馬鹿にされて、出世してやると思った秀吉のようなことをやるのは易しい。そしてそれを努力の動機にし、苦しみを耐えるささえにして生きていくことは易しい。しかし、それでは幸せにはなれない。絶対に幸福はつかめない。豊臣秀吉は、決して偉大な人ではない。彼は安易な道を歩んだのだ。もし、馬鹿にされたことが出世の動機ならば。

「ようし、この野郎」と思って努力したとする。その考え方、感じ方の中には、醜い自我が強烈に出ているのだ。満たされない醜い自我の憤激なのだ。そこには、エゴがあるだけだ。執着があるだけだ。それは個別的な生の形態である。自分と敵との関係のみがあるのだ。

その昔、東大生の親の身元調査をやったところ、普通の会社員や公務員の息子が圧倒的に多かったという。自分はもう出世できない。いつまでたってもウダツがあがらない。そして年をとって、自分の息子のような上役にペコペコ頭を下げている、という親たちである。「どうしても息子を出世させて、世間を見返してやる」彼等はそう考えて自分の息子につくした。自分の腹いせの為に自分の息子の青春を奪った。彼等にとっては世間は敵だった。彼等は孤独である。そして、息子は遂に東大に入れなかったのもいる。息子は自分の親を恨んだろう、あるいはまた、東大に入れた息子もいる。親は、「ザマア見ろ！」と思ったかも知れない。しかし、次の瞬間、自分の息子は、自分から離れていった。しかも、そうした性格をもった息子は、生涯、孤独で不幸である。

旅立った二人の男

僕の知っている男で、高校時代から大変な秀才のXという男がいた。東大に現役で入って、東大でも三番だったとか四番だったとか聞いている。X君はほとんど友達とつき合わなかった。

同じ高校時代の友人で、A君という男がいる。Aは勿論、Xよりも成績がわるかった。二人を知っている僕にはよくわかっていたのだが、XはAをある程度軽蔑していた。A

は東大には入れなかった。

高校を卒業して四年後のことである。僕は就職して地方に行くAを送りに東京駅にいった。夜のプラットホームには、Aを見送るため多くの友達がきていた。可愛い女の子もたくさんきていた。Aの大学の校歌を、男女あわせて三十人ぐらいの若人が歌った。旅へ出る人の多いその夜のプラットホームに、女の声と男の声とが混りあって、笑い合って、高らかにひびいていた。Aは幸せそのものだった。

僕はトイレに行くため、そのグループをはなれてプラットホームを歩いていくと、驚いたことに、ポツンと一人でいるXに出会った。彼も就職して地方へ行くところらしかった。トイレに行ってから、再びAのところにもどった時、僕はAを見送りにきている同じ高校の女の子に、Xがきていると告げた。彼女はしばらく、考えていたが、「ああ、あの人」と言ったきりでXのところへ行こうともしなかった。やがてAとXを乗せた汽車は夜のプラットホームを出ていった。

「万才！　万才！」と見送られるAの顔を、しみじみと僕は眺めてしまった。

「こんちくしょう」は身をくずす

男が、自分の人生をくずす二つの要因があるという。一つは女であり、もう一つは立腹だという。腹をたててやったことは、決してうまくいくものではない。腹をたててやったことや、劣等感からやったことは、決して本当のものはでてこない。

ベートーヴェンはあらゆる屈辱と逆境の中にあって、「自分の芸術は、貧しき人々にささげよう」という手紙を書いている。彼は決して自分のエゴの満足を求めようとしたのではない。それ故にこそ、あのような偉大な芸術が生まれたのだ。

それよりもさらに偉大なことは、彼が歓喜をほめようとしたのが、悲しみの底からであったということだ。悲しみの中でひねくれたり、屈辱にふりまわされたり、劣等感から行動しなかったところに、彼の偉大さがある。彼の芸術はそうした中から生れてきたものなのだ。それであればこそ、人々の心を今もって動かすほどの芸術が生れたのだ。

偉大な芸術は、決して「こんちくしょう！」からは生れてこない。

人から馬鹿にされても、裏切られても、それをじっと無我夢中でこらえて、人間として自分はどう生きるべきかを考えて、人の言葉を無視して信ずる路を歩むことが難しいのだ。

そして最後に幸せになれる人間は、この難しい路を歩んだ人間なのだ。

あまりにも激しく「見返してやりたい」と思っている人は、ノイローゼである。

人生の路は二つだけ

「世に真実の路ほど、厳しいものはない。しかし真実の路以外に喜びも救いもないのだ」という格言は、こういう意味なのだ。

人に裏切られて復讐に燃えて困難をのり切ることは、誰にでもできるきわめて易しいことなのだ。人に馬鹿にされたり同情されたりして、「ようし、出世して見返してやるぞ！」とふるいたって立身出世することは、きわめて安易なことなのだ。安易で歩み易い路だから、裏切られた時、馬鹿にされた時、皆がこの路を歩もうとするのだ。真実の路は喜びと幸福に通じている。しかし厳しい、あまりにも厳しい。とうてい実行不可能に思えるぐらい厳しい。しかし、孤独と空虚の中で死んでいくのがいやなら、この真実の路以外に歩むべき路はない。

とうてい自分には耐え切れないと思うほどの苦悩を耐え抜くか、それとも人生を何の意味もないものにするか、路は二つしかない。それ以外の路は絶対にない。「見返してやるぞ！」と思って進む路のその果てにあるものが孤独と空虚と無意味であると知りつつ、当面の安易な路を歩くか、当面はいかほどに苦しくても、その果てにある歓喜を信じて、その苦難に挑戦するか、われわれの前にはたった二つの路しかないのだ。どちらを選ぶか、それは、われわれの自由だ。

こういうと、ある人々は、「おまえは人から馬鹿にされたことも、人から裏切られたこともないから、そんなことをいっていられるのだ」というかも知れない。しかし、僕も人並に裏切られ、人並に馬鹿にされた。いや、人には考えられないような裏切りや、屈辱を受けたからこそ、こんな考え方になったのかも知れない。そして人以上に裏切られ、人以上に屈辱を味わってきた僕が確信をもって言えることは、人生には、この二つの路しかないということだ。

ヒルティーは『幸福論』の中で、次のように述べている。

「諸君を害するものがあるとすれば、それは憎しみと復讐心だけである」

競争の美しさ

「人生は闘争ではない、競争だ」という問題にもどろう。

競争の本質は何であろうか。それは相手をうちまかすことではない。自分の目的を達することだ。勝つことが主であって相手をたおすことが目的ではない。だが、闘争の本質は相手をたおすことなのだ。競争の場合、相手をたおしても何の足しにもならないことがある。百人のマラソンレースで、二、三人を傷つけてみたところで、自分も傷ついては何のためにもならない。自分が堂々と走り抜き、優勝しなければならない。

真の競争にあっては、相手を意識しなくなるものだ。ただ夢中で走るだけだ。ただ全力をつくすだけだ。百人のマラソンレースでなくてもいい。一対一の相撲でも、本当の勝負になれば、勝とうという気持はなくなっている。ただ全力をつくすというだけだ。勝とう、勝ちたいという気持が働いているうちは、決して強くはなれないのだ。そこが競争の面白いところだ。

入学試験でも、自分の知っている人間を妨害して、落してみたところで、自分が合格しなければ始まらない。合格することが目的で、相手がどうなるかは間接的なことなのだ。

一人の女を得んものと、二人の男が競争した。相手の悪口を言って、その女に相手の男への興味をなくさせたところで、自分がその女に好かれなければ、何の意味もない。目的は女なのだ。相手にあるのではない。

真の競争は、最後の目的めがけて努力することなのだ。そこに競争の力づよさ、美しさがある。見ていて気持のよいスポーツ、やっていて晴れ晴れするスポーツは、競争である。相手を傷つければ目的を達する闘争にあっては、人の心を動かすことはできない。たとえ勝っても雄大さはない。

偉大な真実の発見をめざしての競争、新しいものの創造への競争、スポーツでなくても、こうした競争は美しい。相手をいためつけたところで、自分が創造しなければ、自分が新発見をしなければ、何にもならないからだ。目的は発見であり、創造だ。こうした競争は人生に活気を与える。人生に美をつくる。人生を力強くする。

人生の本当の喜び

競争の目的はさまざまであるが、すべてに共通することは、やはり歓喜である。ということは、競争の目的は、決して利己心の満足であってはならないということでもある。人間が歓喜するのは、利己心が満足する時ではない。勿論、利己心が満足された時も人間は喜ぶ。しかし、その喜びは、生命が燃えたぎり、感激にうちふるえて、とめどなく涙がでるというようなものではない。天地の間に絶叫するほどの喜びではない。人間の心のエゴが満足された時には、喜びをどう表現したらいいかわからず、たわいなく泣いたり、肩をたたきあったり、とびはねたりということはない。

人間の心と心が一つになった時、その共感の中で生命が燃えている時こそ、生命の本質が姿をあらわした時なのだ。真の歓喜はそこにある。

競争も人生の一部である以上、その目的は何らかのかたちで、生命の本質を表現するものでなければならない。

人生においては、好んで競争をしなければならない。生活のすべての部面において、競争しなければならない。競争によって自分を鍛えなければならない。

メッキは遂にメッキである

人生はまた、競争の連続でもあるべきだ。しかし決して闘争してはならない。たしかに競争にも、多くの人々が非難するような点がたくさんあるだろう。「悪貨は良貨を駆逐する」という諺があるし、手段が目的と化し、勝つための技巧をみがくことだけに専心することも多い。そして内容よりも、体裁が尊ばれ、真の実力者よりも、世わたりのうまい人が生れてくるという。

たしかにその通りかも知れない。現代の受験競争と、それが生み出してきた暖かみのない人々を見る時、競争の世界というものを否定したい気にもなるだろう。しかし、一体、世わたりのうまい人が終局の勝者となることなどあり得るのだろうか。僕はないと思う。絶対にあり得ないと思う。

権力といい、名誉というも、結局は人間関係である。世わたりのうまい人の間に真の友情が成り立つと思うか。彼らが周囲の人々から本当に尊敬されることがあると思うか。人々が彼らに心の底から動かされることがあると思うか。金持や権力者だというだけで、本当に心服する人がいると思うか。彼らの周囲に成り立つ人間関係は、非常にもろいものだ。

もし世わたりのうまい人が、最後まで周囲の人々をあざむき、自らを巧みによそおったとして、彼自身は幸せだろうか。彼自身の心の中は安らかだろうか。彼らは競争に勝ったとして、彼は本当に勝利の喜びを味わうことができるだろうか。それはカンニングをしていい成績をとるみたいなものだ。他人が彼らにごまかされて友情を感じたとしても、彼ら自身はその心の中に友情の感が湧いてくることはないのだ。

競争は世わたりのうまい人を生む。小細工を盛んにする。内容のない人間が尊敬される傾向を生む。しかし、最後の勝利を得ることはないのだ。もし最後まで、その正体があばかれずにあったとしても、彼は彼の心の中で敗者と化している。本物が、その生涯の最後まで認められないとしても、彼は、彼自身の心の中で勝っている。本物は、その周囲から認められたいと思うような行為はしないのだ。彼にとっては、もはやそういったことは問題ではない。彼の心はそのレベルをぬけでているはずだ。真実は必ず勝つ。本物は必ず勝つ。それが疑わしく思える人間は、真実に対する信念がたりないのだ。

メッキは遂にメッキである。世わたり上手は生きることの真の喜びをついに味わえない。どのような称賛の中にあっても、彼は喜びを味わえない。本物は、たとえどのような非難の中にあっても落着いていられる。安らかでいられる。彼は自分の心で、自分の行った行為に自信をもっているからである。

たとえ国語の成績がよくても

たしかに現代においてはあまりに技術の競争が多い。技巧がものをいうことが多い。受験制度を見てもそれはよくわかる。現代日本において、有名大学を出ておくことは出世にはたしかに有利である。そして有名大学の試験にパスするか否かには、受験する人間がいかに技巧的にできているかということが多分に作用する。

国語の試験を例にとる。なにも、大学入試ばかりではない。高校の試験だって同じことだ。国語に優秀な成績をとることは、どのように文章を書くかを知っている人間である。漢字の読み方、書き方、句読点の使い方、そして、また暗記力……その人がいかに思想的に深いかなどということは問題ではない。その人がいかに人生に悩んでいるかなどということは関係ない。問題は、漢字であり、句読点である。内容としての思想が問題ではなく、それを表現する手段としての文章が試験されるのだ。そういう試験をわれわれはされてきたわけである。

僕はそれでも世襲制の世の中よりはいいと思う。武士の子は武士であり、農民の子はどんなにあがいても農民であり、商人は最後まで商人であるというようなすべてに家柄がものをいう社会、それよりはまだ世わたりのうまい人が威ばる世の中のほうがいいと思う。

ところで、彼らは直接知り合っていない人からは何かちょっと尊敬もされようが、仲間の間では軽んぜられていることが多い。国語の成績がいいというだけでは、仲間から尊敬されないことは勿論、友達もできない。やはり友達は、本能的に好ましいと思いあった人間と人間が、共に悩み、共に人生を語り合っていくうちに生れてくるものだ。国語の成績にいい点をとろうとして熱中している人は、結局は生涯を共にする仲間もいなければ、知り合いの仲で尊敬されることもない。彼は、孤独で不幸である。彼は技巧の競争に勝って本当の競争に敗けた人なのだ。

利己心のある競争とない競争

僕は競争の弊害を承知しつつも競争を肯定する。それは人生においては、本物以外に終局において勝利を得るものは絶対にないと思うからだ。

やはり人間は、本当のものにしか心を動かされない。本当に力強いもの、本当に美しいもの、本当に雄大なもの、本当の愛、そういったものにしか人間は感動しないのだ。受験競争に人が心を打たれないのは、競争している人間が利己心に支配されて動いているからだ。受験勉強の勝者にいったい誰が拍手を送るだろうか。その勝者の美しさにいったい誰が心を動かされるだろうか。

しかし、同じ勉強でも、営々と続けられた努力の後の学問上の真理の発見者には、人は感動するだろう。彼に利己心がないからだ。正々堂々と戦われたオリンピックの勝負の記録は、長く人々に語りつがれるだろう。勝者と敗者が、しっかりと握手できる競争なら、人々は敗者にも勇者の名誉を与えるだろう。

しかし、権力闘争の勝者と敗者に、共に人々は勇者の名を与えるだろうか。受験の合格者と落第者が、しっかりと握手して共に感激することがあるだろうか。

利己心に動かされた者は、決して真の意味で勝者たり得ない。自らの心の中においても、人の心の中においても、決して彼等は勝者ではないのだ。

人生において大切なのは、勝つことでなく努力することだ。人生においては、努力する者は、勝っても敗けても歓喜できるものだと僕は思う。だからこそ、努力することが大切なのだ。

オリンピックで世界にその栄光の名をとどろかせる者もいるし、裏長屋に住む体の不自由な人もいる。しかし、それだからといって人間は不平等に造られていると思うのはまちがっている。自分の運命の下で、自分なりに努力するならば、誰でも同じように幸福になれるのだ。

人生において、人々はおかれた環境はちがっても、幸福になるための条件はちがっていないのだ。だからこそ勝つことでなく努力することが尊いのだ。だからこそ、勝つことは美しいが、敗けることも美しいのだ。

心うたれる競争とは

人類四〇億は、今、誰がもっとも幸福になれるか、誰がもっとも歓喜を味わいうるかの、壮大な競争をしているのだ。

競争では、不利な条件を克服して根性によって勝つということはたしかに面白いし、すばらしい。しかし全員が全く同じ条件の下に競争するということは、より面白いような気がする。人間の中にはたしかに頭のいい人もいれば、悪い人もいるし、運動神経のすぐれている人もいれば、おそろしくにぶい人もいる。金持の子に生れる人もいれば、つましい家の子として生れる人もいる。美人やハンサムもいれば、不美人やぶ男もいる。

生れつきの条件の大きく左右する競争はどう見ても面白味がない。美人コンテストの一位に誰が感激するだろうか。ハンサムな男に誰が心の奥底までゆさぶられるだろうか。人間が一番心うたれて感動するのは、闘魂と闘魂の死闘である。やはり無我夢中の努力である。金持の息子を見て、誰が感情をゆさぶられてその美しさに感歎するだろうか。しかし、マラソンレースの激闘にはグイグイと胸に迫るものがある。

人生において努力が大切だというのは、人間は努力のみによって幸福になれるからである。生れつきのハンサムや美人はそれだけでは他人が心動かされないと同様、自らも生命の底から湧き上がる感激にひたることは決してない。

死物狂いになった時

生命ぎりぎりにまで燃えさかるのは、人間がぎりぎりのところまで努力した時である。それは必ずしも勝つか負けるかを決めるレースばかりではない。

僕は小さい頃から野山を歩きまわるのが好きだった。そして、その想い出をふりかえる時、やはりもっとも感激し、幸福の絶頂にあったというのは、もっとも苦しい自然との闘いをたたかった時である。今でもよく想い出すのは、大学二年の時、五人の仲間と亜熱帯性のジャングルの西表島の初横断をした時のあの心身を焼き尽すような感激である。

西表島とは、沖縄本島のさらに南にある小さな島である。その横断を夢みて東京をはなれた時には、僕はすでに三十八度の熱のあるきわめて不調な体だった。その不調な体をひきずって、連日の暑さと戦いながらその島についた時には、完全にグロッキーだった。いよいよ横断という時には、本当に死物狂いで歩いた。頭痛はする、目の前はボーッとする、吐き気がしてセキがでる、そうした悪戦苦闘の後、横断を終えた僕は、気も狂わんばかりに喜んだ。

横断した翌日、その南の島の海で丸太船に乗りながら、「俺はこれでもう死んでもいい」と本気で考えていた。

人間の中で最も幸せなのは、最も努力した人間であると僕はかたく信じている。そして、努力だけは、どんな環境にあっても必ずできるものだと思う。だから僕は、誰が一番幸せになれるかという競争には最も面白味があると思う。誰が一番その生命を燃やし尽し、焼き尽して死んでいくかということは、人間の最大の勝負である。このレースに勝った者は人生の勝利者である。このレースに負けた人間は、それこそ負けである。

たとえ現代の社会でも

サラリーマンの中には、「もはや無気力になって生きる以外にこの世の中には生きる方法はないのだ」という人がいる。しかし、そういう人は、芭蕉がたったの十七文字だけで、あそこまで生きていかれたことに気づいていない人だ。生涯を社会の矛盾との戦いにささげた無名の人が無数にいることを知らない人だ。

現代の文明生活には安らぎがないという人がいる。事実、文明人の多くはノイローゼだという。しかし、そういう人は、太陽の光の中に、神々しいまで安らぎがあることに気がついていない人だ。太陽の光をあびながら、その素晴しさを感じとることのできない人だ。

山の中で飯を食う時、鳥のさえずりや虫の鳴き声をききながら食べる人もいれば、全然、そういった声に気づかずに夢中で食べている人もいる。現代の文明社会にも、なごやかな平和は宿っている。トゲトゲして毎日を送っている人は、その安らかさに気がつかないだけのことだ。その人は、残念ながら心の貧しい人なのだ。自分のまわりにある美を感じとることのできない人なのだ。

現代の文明社会が、そのままでいいというのではない。改革すべき点はたしかに多い。

しかし、それは欲求不満から行うべきものではない。満足してニコニコ笑いながら行うべきものだ。

私は若い頃、まず闘争から競争ということに努力することが価値だと信じていた。次に競争から、自分自身になることが最高の価値であると信じる様になった。

「松の木はその枝を伸ばそうとします。樫の木と張り合おうとしているわけではない。自分の歌を歌う詩人になりなさい。自分の色を持った画家になりなさい。自分自身であることの権利を信じつつ、敢えて目標を定め意図を明確にするならば、人生を心配ごとで曇らせるようなことはないでしょう。人生には貴方本来の資質に反するような義務はないのです。貴方があると思い込んでいるだけなのです。もし自分自身であり得ないのなら悪魔になった方がましだ。」

（『心の悩みがとれる』、デヴィッド・シーベリー著、加藤諦三訳、三笠書房、1983年、152頁—154頁）

「自分は自分、人は人」というアイデンティティーの確立ができているということは、自分に出来て他人に出来ないこともあれば、他人に出来て自分に出来ないこともあるということがよく理解できているということである。

北海道のクロユリを九州に持って行っても上手くは咲かない。それは土壌が違うから。イソップ物語の話である。カラスが白鳥を見て、その羽の色を羨ましく思う。羽が白くなるのは、水でからだを洗っているからだと思い、カラスが池や川のそばに住む。つまり、いつも餌をひろっている神殿をはなれるという愚かな事をする。ところが池や川で身体を洗ってみてもカラスの羽の色は変わらない。何よりも池や川にはカラスの食べ物がない。そしてカラスは死んでしまう。

こんな努力をして死んでしまうような人が今の世の中にはあまりにも多い。

こういう人には僕は勝てない

幸福は努力の中にある。それがわからない人は、まだ努力のたりない人だ。僕は人類の歴史の中で最も幸せな人間になってやろうと思っている。それには自分が正しいと信じる人生を、自ら歩み抜くことに最も努力しさえすればいいのであるから。

精神的な艱難であれ、肉体的な苦しみであれ、それに打ち克っていくところに人生の喜びは生れる。

僕はどんな権力者にも、金持にも、インテリにも絶対に敗けてたまるもんかと思っている。しかし、体に障害がありながら満たされたような笑いをうかべて陽向ぼっこをしている男には、どうしても勝てないという気がする時がある。そういう男にあった時には、「俺の敗けだなあ」とつくづく思う。精神的あるいは肉体的な大きな苦しみに打ち克った人間の顔にある、あの神々しいまでの美しさには、やはり自分は勝てない。人間がどれほど偉大であるかのひとつの指標は、その人がどれだけ苦しみ、そして、どれだけ素直でいるかということだ。

病との戦い、失恋との戦い、その長い勝ち目のないような戦いを戦いぬいた時は、まさに苦しみを通して歓喜にいたる時である。

ある日の日記に、僕はこう書いた。

「僕は今思う、足の不自由な人間がその不幸を克服した時、その人間はどんな大きな救いと幸福を得るのだろうかと。その救いと幸福の大きさは、凡人の僕らには想像できないほどのものなのではなかろうかと。

今まで自分は、何か不当に素晴しい運命をもってしまっているようで、世の中の不幸を見るとすまないような気がした。他人の不幸に自分は苦しんだ。しかし、今、そんな気持は全然ない。僕が今まで不幸だと思っていた人の中には、僕が味わったこともないような幸せを味わっている人がいるような気がする。僕が今まで不運だと思っていた人の中には、僕が感じたこともないような大きな安らぎと救いに満ちている人がいるような気がする」

人からどう
思われても
気にしない

人にどう思われるかが気にかかる

成功の喜びは成功自体の喜びにあるべきであり、失敗の悲しみは失敗自体の悲しみにあるべきである。成功したら他人が尊敬してくれるだろうとか、失敗したら皆に軽蔑されやしないかというような、余計なことに悩まされるのは人生の浪費である。全くつまらないことだ。もっともこれも、つまらないとわかっていながら気になるのが人情かも知れない。

失敗は悲劇ではない。失敗した自分を他人がどう見るかということを悩みはじめた時、失敗は悲劇になるとアメリカの心理学の本に書いてあった。

もちろん僕もそうだった。大学に落ちた時、一番苦しかったのは可愛い同級生の女の子に、頭の悪い人だと思われやしないかということだった。大学に落ちて高度な学問を身につける機会を失ったなどという、高級な悲しみとはほど遠いものだった。

浪人時代によく小説風の日記を書いた。小説風というのは、「私」を主人公にしないで彼を主人公にし、体験をわざと深刻化し、自分のみにくい点を妙にうきぼりにして書くということである。

「彼はもはや人間であることの惨めさに耐えられなかった。足の不自由な人を見ると、その人と共に泣くのだった。人間の苦悩の総和が彼を心髄まで苦しませた。

彼は、生きること、人間であること、それらの悲惨な事実から目をそむけようとしても無駄だった。しかし、彼は友達にあっても決してこのことはいわなかった。彼はきまっていうのだった。

『とにかく生きていることはなんと楽しいことか。人生の意義の追究なんて、これだけ楽しければ無意味だよ』

彼にとって、人から自分が惨めであると思われることは、惨めな事実以上に惨めであった」

という調子である。

現代人は、嫌われないように、責められないように、自分でない自分で生きているから、たえずビクビクしている。

嫌われるのが怖い。尊大だと思われるのが怖い。生意気と言われるのが怖い。高慢だと思われるのが怖い。

嫌われるのが怖いから言いたいことも言えない。言いたいことを言って人間関係を作ることが出来ない。人間関係形成の能力が備わっていない。

自己実現を怠って、嫌われるのは怖いという気持ちだけで生きて来た結果、最後に人生が行き詰まる。

愛する能力が人生の問題を解決するといっても、この心理状態で「愛する能力」が必要といっても無理である。

そうして「嫌われるのが怖いから」、生きている意味が分からなくなる。

何よりも大切なのは「自分自身であることの勇気」である。

勇気が欠如をしている人は、「相手を喜ばそうとする」傾向がある。

嫌われるのが怖いのは、自分自身であることを放棄したからである。

断って嫌われるのが怖いから無理して引き受ける。そして努力する。

そうすると、悩まない人は「断りゃいいのに、勝手に自分で引き受けといて、それで悩んでいる、あほじゃないの？」と言うけれども、自分の能力を超えて引き受けてしまうのは、やっぱり断ることによって相手に対して自分の価値が否定される、相手が自分の価値を認めてくれないということが、怖いからである。

シーベリーは「私が私自身なら何を恐れることがあろう。恐れているなら、私自身ではないのだ。」と述べている。

（『問題は解決できる』、デヴィッド・シーベリー著、加藤諦三訳、1984年、三笠書房、17頁）

浪人時代の異常な心理

浪人のある時期に、決して浪人のことで苦しんでいたのではなく、人間の悲劇につきあたって苦しんでいた。しかし、友人と会うと朗らかな顔をしたのは、自分が浪人していて元気がないと思われるのがいやだったからだ。

この時代には、かなり深いところにまで考えが及びながらも、遂に他人の気持を無視することはできなかった。考えが深くなるまえなどは惨憺たるものだった。

「今朝クラス会の知らせがきた。旅行にでるので行けそうにない。しかし、あの女性はキット出席するだろう。そして、『加藤さんは浪人しているからこないのだろう』と思うだろう。考えただけで胸がはりさけそうだ」

とにかく、クラス会に出席できないという単純なことまで、人はどう思うかということが気になっているのだから異常である。

だいいち、彼女が出席するかどうかさえもわからず、しかも、出席したとしても、彼女が、そこまでひねくれた解釈をするかどうかさえわからない。

そして、もし、彼女が、そのようなひねくれた解釈をしたとすれば、彼女は、自分自身いろいろな出来事に接して、人のことを気にするあわれな女性なのだから、可哀そうな存在なのだ。人間存在の根本をゆさぶるような生命の歓喜を知っている人ではないのだ。人の欠席という単純な事実を必要もないのにいろいろと臆測する人は、やはり自分自身のことについて人の気持をいろいろと臆測する人で、生きていることの本当の喜びを知らないあわれな人なのだということには、当時は気づいていなかったらしい。

当時はただ、「僕自身が不幸をになった一人の少年として食を求めて巷をさまよう時に、はじめて今の気持の虚しさをさとるだろう。自ら夜の町に寝ぐらを求めてうろつく時、はじめて今の幸せをさとるのだろう」と書いている。

こんなことで悩むのはもういやだ！

時に、人を気にすることが、ノイローゼ的になったこともあった。いかに多感な十代とはいえ、やはり異常だったなあと今、日記を読み返しながら思う。

「彼は全国模擬テストで十六番になったことがあった。それにもかかわらず二千人も入る東大に落ちた。彼は自分で東大に落ちた原因を知っていた。それはすべて不注意にも問題を読みちがえていたからだ。しかし彼は人に会っても決してそれはいわなかった。そんなことをいっても信用されないだろうと思ったし、いいわけをしていると思われるのが口惜しかったからだ。

試験には運、不運があると彼は思っていた。しかし、人が、『試験は、運、不運がある』といえば、必ず、『いや、やはり実力のある人がはいっています』といった。試験に運、不運があるといって人に自分を弁護していると思われるのが口惜しかったのだ。彼の言動はすべて他人に対するハリからでていた」

そして、その後、「ああ、もういやだ、人に認められなくても、神経の過敏な反応によって苦しむことのない生活を送りたい」と書いている。

今、この日記を読みながら、現在の自分のことを考えて、よくもここまで変ったものだと思う。

努力すればここまでくる

今では、努力さえすれば、誰でもが、現在の僕のように他人のことを気にしなくなれるのだと確信している。「どう考えても、おまえの神経はいくつか足りない」と友達にいわれた時、たしかに今の俺には人のことを気にするという神経がないと思った。人が自分をどう思うかということが気にならないばかりでなく、面と向かって様々な言い方で罵倒されても、神経はピクリとも動かない。いや、動くべき神経がないのだ。「おまえは幸せな男だ」と友達からいわれ、自分もそう思った。

しかし、今この日記を読みながら考えると、僕は、神経がないどころか、人以上にそのことで苦しんでいたことがわかる。ただ、人以上に苦しんだから、それからのがれようと人以上に努力した。そして、そんなものからのがれて、もっと本当の人生を歩み始めなければならないと、人以上に必死になった。そうしているうちにいつの間にか、そうした神経がなくなって、想い出の中にだけ残されているようになったのだろう。

当時の日記の後には必ず、こんなことを書いている。

「これが十八歳の男のいうことか！　俺は勝つ！　どうしても勝つ！　あらゆる環境の中

で、あらゆる批判の中で、決死の覚悟で戦う！　俺は絶対に男らしく生きてみせる！」

先生が家を改築しなかった理由

ある先生が、一生懸命働いて貯金した金で、家を改築しようとした。それはちょうど四月のことだった。だが、なぜかその先生は、家の改築を止めた。彼は、世間を気にしたのだ。世間の人に、リベートをもらったり、裏口入学を助けたりしてお金をかせいだと思われるのがいやだったのである。

人を気にする人間は、このようにして自分の人生をつぶしていく。自分の家を、自分の生活にあうように改築するのは立派なことだ。当人にとっては嬉しいことだ。それなのに、人のことを気にしてとり止めるとは、全く馬鹿らしい。「人がどう思おうと、そんなことを気にしてたまるか！　リベートをもらったと思う奴は勝手に思え！」そう思って改築すべきである。それができなければ、人生はもうおしまいだ。

世間を気にしている人間は、必ず元気がなくなる。高校時代に、「俺は世界を相手に大仕事をする」などと、威勢のいいことをいっていた人も、社会人となってしばらくして会えば、皆、うなだれて元気がない。社会の中で、派閥あらそいや、誹謗や中傷や、いやがらせでフラフラにさせられてしまっているのである。

世間の人の目を気にしていれば、必ずフラフラにさせられる。どんな誹謗や中傷でも、こっちが、人を気にしていなければ、痛くもかゆくもない筈だ。

若いうちに腹を作っておくことだ

世の中には一人前になるかならないかのうちから、いやがらせや脅迫があるものだ。僕のように、まだ一人前ともいえない先生でも、全く僕に関係のないようなことをもちだして、「これだけの金をすぐ払うか。払わなければ、生徒にぶちまけて、おまえをつぶしてやる。俺は今まで、先生を何人もつぶしてきた」というような脅迫を受けたことがある。

その時は、どなりつけてやった。「俺は俺なりに正しく生きてきた。それでつぶれる世の中なら、つぶれてやる」と。しかし、もしこの時、生徒がどう思うかというようなことを気にしたら、僕はノイローゼになっていたろう。

「俺は俺なりに自分の生徒を愛している。これでついてこない生徒なら、こっちでことわってくれる」僕は今でも、そう思っている。

しかし、こんな脅迫は何も、先生に対してなされるばかりではない。あらゆる社会人が一生経験しつづけなければならないことだろう。そんな時、人のことが気になるようでは、どうしても元気がなくなる。うなだれてしまう。「自分の人生を、人がどう思うかで、うごかしてたまるか。正しいことをやってもつぶされる世の中なら、つぶれてやる」この覚悟ができなければ、三十歳に手がとどく前に、すっかり元気がなくなる。

学生時代に、この腹をつくっておくことだ。

ウェインバーグは『自己創造の原則』の中で、人間関係について八つの質問を自分にして、それのどれにイエスと答えても危険であると述べている。その内の一つは、私は、その人間故に、自分でない誰かを装っているのではないか？　というものである。相手が不運な人をあざ笑う。対立を避けるために、自分では相手の態度を心の底で非難しつつも、同意しているかのような態度をとる。自分でないものを装うことは自分にとって有害である、と彼は述べている。

もう一つは、関係さえうまく行けばという前提にしたがって、相手が自分を酷く扱うのを私は許しているのではないか？　というものである。私は、この二つを合わせて自分に質問することが大切であると思っている。

つまり、関係さえうまくいけばと願い、自分でない誰かを私が演じているなら危険である。それは自分によくないし、その関係にもよくない。

ある浪人の惨めな錯覚

体の弱い人間にとって一番苦しいのは、人から体が弱いと思われることだという。程度はちがうだろうが、浪人にとって一番苦しいのは、人から浪人だと思われることだ。

東京の井の頭線の西永福というところに城西という予備校がある。そこにかよっていた男が、「その駅をおりる時、電車の中にいる人に、ああ、あの人は浪人だなと思われるのが苦しい」といった。

しかし、一体、西永福に城西予備校があると、一体何人の人が知っているだろう。僕は同じ井の頭線の久我山というところにある西高等学校に三年間かよっていたが、近くにその予備校があるとは知らなかったし、浪人している時も知らなかった。大学もやはり井の頭線の駒場東大前にかよっていながら、ついに知らなかった。もちろん、城西予備校という名は知っていたが。

予備校と井の頭線にこれほど縁のある僕が知らなかったのに、一体、世間のどれだけの人が西永福に城西予備校があると知っているだろう。

この間、用事があって西永福で降りて、城西予備校の裏にいった時、かつて友達が駅を降りるのがいやだといっていたのはこの駅だったかと思い出して、心の中で笑ってしまった。そいつが駅でおりる時、電車内の一体何人の人が、「あの人、浪人しているんだなあ」とハッキリ思って見ただろうか。自分が浪人していると、まるで皆が、自分が浪人していることに注目しているような錯覚におそわれるものだ。

ある才女の珍妙な錯覚

自分に弱点があると、みんながそれを知っていると錯覚してしまう。だが逆に、自分に何かちょっといいところがあると、これもまたみんなが知っていると錯覚してしまう。いずれもコッケイな話だ。

ある成績のいい女の子の話である。彼女にある時、「○○という男が君のことを知っていたぞ」と言ったら、「私のことはみな知っているわよ」と答えた。これには少なからず驚いた。僕は彼女と同じ大学の同じ学部の同じ学科に二年以上一緒にいながら、その時までその顔も名前も知らなかったのである。そのくらい一緒にいる僕でさえ知らないのに、ちょっと成績がいいと、みなが自分のことを評判にしているように思ってしまう。彼女を知らない僕のほうがおかしいのかもしれないが、とにかくほかの人でも、そう大勢が彼女のことを知っているはずはない。

そして僕はある時、その女の子とデイトした。当時二人は恋人同士であると、二人にとっては迷惑なウワサがたっていた。彼女と待ち合わせた場所にいき、「今ちょっと、そこで知っている人にあった」といったら、「私の知っている人?」と聞く。これにも驚いた。僕の知っている人の中で一体何%の人が彼女を知っているだろうか。二人の共通の知人なら、ただ「知っている人にあった」などといわず、「○○さんにあった」と名前をいうだろう。

彼女はつづいて、「○○ではあなたと私のウワサでもちっきりですってよ」と言った。その時、○○というところに一体俺を知っている人は何人いるのだろうかといぶかしくなった。

つづいて彼女は聞いた。「あなたは自由だと思っている?」もちろん「俺は自由だ」と答えた。そして「自分が思っているほど、人は自分のことなんか気にしてやいない」といったら、「それでも、私は自由じゃない」と言っていた。

人にふり回されやすい時代

人間は、自分なりの思想をもって、自分なりの人生を生きていかれるようにならないかぎり、いいように人にふりまわされてしまう。自主性のない人間は、自分というものがないから、とことんまで人にふりまわされてしまう。ことに現代は、考えることをさせないで、ただマル暗記ばかりさせるような教育をするから、いよいよ人のことを気にする人間をつくりだしてしまう。そして「気にしない、気にしない」という流行語が生れるほど、人のことが気になる生活がなされている。

他人は自分のことをなんとも思っていないのに、自分の方で勝手に想像して自分の人生を不幸にしている。馬鹿らしい！　他人は自分の前にくれば、それは「あのことはどうしました？」などと聞くものだ。しかし、自分の前を離れれば、もうこっちのことなど忘れている。こっちはこっちのことだけ考えていればいいが、他人はこっちのことだけ考えていればいいのではない。他人は他人で自分のことを考えていなければならないのだから。

周囲の人は何とも思っていない

コッケイなほど勘違いしてノイローゼになっている人がいる。ある男であるが、成績はいい。その男が試験前にもらした苦しみである。

「僕があの試験を受ければ、みんなが受かると思うだろう。だからそれが苦しいんだ」

ところが、その時の周囲の評判は、「ヘエー、あいつもあの試験を受けることは受けるのか」という程度だった。その男は幸いにその試験の一次はパスした。その時、周囲の人はどう言ったか。

「いくらなんだってあいつが受かるのはひどいよ」だが、その男は、自分は自由ではないといっていた。みんなにたえず注目されていると思っているのである。

勘ちがいというのがまたよくあるものだ。成功して、当の本人はきわめて得々としているが、周囲では、いやな人だと思っていることはよくある。また失敗して、自分一人で、駄目だと思い込み、また人から相手にされなくなったと思い込んでも、周囲では別になんとも思ってないということはよくあるものだ。皆で話をしている時、二人だけに通じる話をして二人で笑って得意になっている人がよくいる。二人は得意だろうが、まわりは不愉快な人だと思っている。こうしたチグハグな気持というのはよくある。成功とか失敗についても、当人と周囲とチグハグなことがよくあるものだ。

とにかく、自分の成功や失敗は自分には大切かもしれぬが、他人には別になんでもないのである。自分の赤ん坊が可愛くてならない母親が、周囲の人も当然可愛いと思って自分と同じにふるまうことを期待するのも、これと同じケースである。自分のことに夢中になりすぎると、他人の気持がわからなくなるのだ。

だから、失敗しても平気で人前にでていくようにしなければならない。もし失敗したことで相手の態度がかわるなら、こっちからそんな人とのつきあいはことわったほうがいい。もちろん権力の座にあって、その地位を追われたなどという時は、周囲は一段と冷たくなろう。しかし、そうした人々は、もともとその人を相手になどしていないのである。自分の利益のために、その権力の座に頭を下げていただけである。

キリストはいった。「人の気持に汝の人生を売ることなかれ」まして人の気持はうつろい易く、人はさまざまである。そんな人の気持をあてにして何かをやることは全く馬鹿らしいことなのだ。

いろんな人間のいろんな考え方がある

ある学校が不祥事件を起して新聞に出た時のことである。新聞は「名門校にあるまじきこと」と書いた。その時、ある生徒は、各新聞が名門校と書いてくれたと喜んだ。そして名誉な事件でなくても、各新聞が騒いでくれたから、これでどこへいってもそこの学校の生徒だといえば通用するだろうといった。一方、別のある生徒は、恥しくて親の顔も見られず、室にとじこもったという。

一つの同じ事件に対する態度にも、人間はここまでちがうのだ。

自分が得意になっていることを、人は軽蔑していることもある、自分が恥じていることを、人は得意になっていることもある。人の気持をあてにして何かをやることだけは止めたほうがいい。代議士に対して頭を下げる人もいるし、馬鹿にする人もいる。流行歌手に対してはファンもいるし、嫌いな人もいる。人がどう思うかで自分の職業など決めたら、とんでもないことになる。世の中のすべての人が尊敬してくれるような職業などはないのだ。成功も失敗も、名誉も屈辱も、人がどう考えてくれるかを基準に喜び悲しむのは全く馬鹿らしい。世の中には全くいろんな人間がいる。本当にいろんな世界がある。全く価値観もちがっている。

役人になった人が、自分は誰からでも頭を下げてもらえると思っていた。どこへいっても、もてると思っていた。彼は、とにかく権力の機構の頂点にいると言っていた。そいつは世の中のすべての生活が権力の世界だと思っているのだろう。人の生活のすべてが権力意識だと思っているのだろう。世の中の権力的生活の面についていえば、そいつは頂点にいるかも知れない。しかし世の中には愛の生活もあり、遊びの生活もある、政治の世界も芸術の世界もある。にもかかわらず、彼には権力以外のものが目に入らないのだろう。

ある芸術関係の大学の学生三百人ぐらいに、人生において何に最も価値をおくかとテストした時、みんな「美」という項に○をつけた。権力という項に○をつけたのは一人もいない。もちろん学校がら当然のことかもしれない。しかし、権力闘争でノイローゼ気味の政治家や役人が知っていてもいいことだろう。

ひとつの小さな世界にとらわれて

受験の世界では、青白い顔をしていても成績さえよければもてるかも知れない。しかし、一度、山や海の仲間の世界に入ったら、その男はたいして問題にされないのだ。これは明らかなのだが、恐ろしいもので、受験をしている時には、世の中には受験の世界しかなくなる。その世界の中の小さな成功、失敗で泣き笑いしてしまう。

会社につとめた人は、しばらくすると、彼のすべての世界は会社だけになってしまう。課長になるとかなれぬとかさわぎ、部長がえらい人のように見えてくる。役人にとっては、その人間のすべての世界は官庁になってしまうのだ。そして、その小さな、世の中の無数の世界のうちの一つの世界のささいな出来事に泣いたり笑ったりしている。その自分の没入している世界から、ちょっと身を出して外から眺めると、問題にもならないことに苦しんでいる。「明治の時代が長く思えるのは明治の時代の中でもがいているからだ」と夏目漱石も言っている。人生の本質的なことは、そんな小さな世界のささいな出来事の中にあるのではない。

もちろんそういう自分も、受験に身をやつしている時には自分の世界のすべては受験だった。受験の世界の英雄が唯一の英雄に思えたのだ。受験の世界から出て、今、外から眺めると、全くおかしくてお話にもならないようなことにクヨクヨしていた。だから、いろいろな人が、くだらぬ事で思い悩んでいるのはわかる。しかし、思い悩んだ時は、自分は今、一つの世界の中に没入してしまっているから、こんなことにクヨクヨしているのだということを知らねばならない。世の中には、今、自分が没入しているのと、全くちがった世界がたくさんあるのだと。そして、その世界では、自分の没入している世界とちがったものが支配しているのだということを知っているべきだ。

自分の失敗は単に一つの世界のできごとだ。そして自分の成功は単に一つの世界の成功だ。一つの世界で自分がもてるからといって得意になることはない。別の世界では自分は相手にもされないかもしれない。また、自分が冷たくあしらわれたからといってなげくことはない。別の世界にいけばもてるかも知れない。

身はどこに置いても心だけは……

若い頃には、一つの世界からぬけでて、人生や生命の本質的なところまで考えを及ぼすことはできぬものだ。しかし、その小さな世界から自分がぬけきることができるまでは、とにかく、自分は、今、一つの世界の中だけであがいているということをしっかりと知っておくべきである。

ある女性の話だ。東大に入った。そこまでは受験の世界だから不美人でも尊敬されていた。しかし、社会にでたとたん、彼女は相手にされなくなった。逆に受験の世界ではもてなかった女性が、社会にでてグーンとのびた例もある。

いずれ人間はどこかの世界に身をおいている。しかし、心は、すべての世界を超越して本質的なことにうち込まねばならない。たとえば受験生であっても、受験の世界を、あらゆる世界の中で正しく位置づけ、勉強それ自体にファイトをもやし、勉強に生き甲斐を感じ、合格、不合格が気にならなくなっているとすれば、その人は受験の世界からぬけでている人だ。これはむずかしいことだろう。僕にはできなかった。しかし、次第に一つの世界から脱け出ていけば、やがて人生と生命を思うことができる時がくる。努力だ。

一生、一つの小さな世界から、他の一つの小さな世界へと転々とし、その中で心身をすりへらして死んでいってしまうものもいる。生命とは何んだという、この間に悩んでいるのでなく、他のことで悩んでいる人間は、ほとんど一つの小さな世界から抜けきれていない人間だ。

ある会社で派閥あらそいをしていると、ある役人に話をしたら、そいつは腹をかかえて笑っていた。しかし、その役人はといえば、実は自分の役所の派閥争いに心身を消耗していたのだ。どんな世界の派閥争いも、一つの小さな世界から抜け出た魂にとっては、笑いの種にしかならないという実例だ。

百年たてば、今のできごとなんか……

一つの世界の小さな成功と失敗からは、早く抜け出さねばならない。そして同時に、他人がどう思うかを気にすることからも、抜け出さねばならない。

「気にしない、気にしない」が実行できないのは、自分なりの考えや、思想のできていない人間だ。教科書を読んでいるだけ、先生の話を聞いているだけで、自分で考え、自分で何かをやってこなかった人間は、異常なほど、他人を気にする。自分なりにひとつの思想をもったものは、他人のことばかり気にするようなことはなくなる。

自分なりの思想をもった時、それが個々の小さな世界から自分が抜けでる時なのだ。その時こそ、人間が、時と場所をこえて、より大きな世界にはいる時なのだ。人がどう思うかは気になって仕方ない。しかし、その「人」も、百年たてばみんな死んでしまう。百年たって生きていることはない。だから百年後からみれば、今のできごとなど人間の小さな悲喜劇のひとこまにすぎない。地球の外から地球を見たら、おそらく、あんな小さな球の上で喜んだり悲しんだりしているのだなあと思うことだろう。

「人間は、ささいなことで喜ぶから、ささいなことで悲しむ」とパスカルは言った。時と空間に制約された小さな世界で喜んだり悲しんだりするのは、人間には避けられない。しかし、やはり、それを脱け出して、もっと大きな世界の、より大きな喜びと、より大きな悲しみを味わわなければならない。いつまでも、小さな世界の、小さな出来事にかかずらわっていないよう努力することだ。大きくなろう、もっと大きくなろう。百年たてばみな死んでしまっている。百年たてば、まわりの世界は一変している。

自分の世界を外から見れば

人間は死ななければならない。人間にわかることとは、どういう状態になると人間が死ぬかということだ。なぜ生れてくるかはわからない。どういう状態と原因で人間は生まれてくるかがわかるだけだ。地球には引力があることはわかっても、なぜ、二つの物体が引き合うのかはわからない。太陽があるのは知っている。しかし、なぜ太陽があるのかはわからない。なんで地球はあるのか、なんで宇宙はあるのだろう。おそらくは、より高い次元の何かの目的のために宇宙は存在しているのだろう。

はるかなる宇宙の神秘に思いをはせる時、失敗したら皆はどう思うだろうとか、人に馬鹿にされまいとして体裁をつくるというようなことの苦労は消えていくものだ。

山の中に入って、夜、テントの中から、じっと星をながめていると、一体、どうして自分はあんなくだらぬことで悩んでいたのだろうと思って笑いたくなる時がある。

ある夫人が、離婚した。そのあと用事で飛行機に乗った時、ああ、全然別の世界があるのだなあと感じて、急に気持が楽になったと、その人は言っていた。明けても暮れても、離婚するかしないか、夫との不和、朝から晩まで一つの家で、そのことばかりに頭をつかいきっていたら、自分をつぶしてしまう。今置かれている世界から、外に顔を出して、外から、今まで自分があくせくしていた世界を見た時に救われるということはよくあるものだ。

なぜかピンとこない人間

若い頃に受験の世界だけにいたり、会社の世界だけにいたりして、何もかもがその世界のことだけで来た人間というのは、どうしても底が浅い。何かうすっぺらな感じしか人に与えないものだ。たとえどんなに秀才でも、それだけでは人をひきつける魅力というものがない。

よく、何も欠点はないのだが、何かひかれるところのない人、ピンとこない人がいる。

なんだか知らないが、大切な何かが欠けているというような人がいる。その何かは説明できるものではないが、互いにつきあっていくには、もっとも大切で、しかも人間的魅力の中心となるものだ。

欠点は別にないが、何かピンとこないという人は、一つの世界の中にとらわれつづけて、宇宙の神秘というようなところにまで思いをはせなかった人だろう。

太陽の科学ばかりを知っていて、太陽が存在することの不思議に悩まなかった人だ。また、小さなその世界の成功と失敗を味わいつくして、人間の不思議を実感しなかった人だ。

他人の幸運、不運に関心をもつな

話が少しそれてきたが、それでも、どうしても人が自分をどう思っているか気になって仕方がないという人がいるだろう。そういう人は、自分の心をじっと見つめてみると、自分自身が、他人の小さな幸福とか、不幸とかに気をつかっていることに気が付くはずだ。

僕も、皆が自分のことをどう思うかということが一番気になっていた時は、僕自身が他人の私的な出来事に一番関心をもっていた時だった。他人の幸福や幸運をうらやんだり、他人の不幸や不運をいい気持で眺めていた時が、一番、他人様が自分をどうみているか気にかけていた時だった。自分が成功しても失敗しても、すぐに他人がどう思うかを気にとめた時は、他人の成功や失敗を異常に気にしていた時のようである。

人の気持はさまざまである。当人と周囲の人の気持がチグハグであるとわかっても、なおかつ他人の気持が気になるなら、自分のほうから他人の成功と失敗への興味をなくそうとすることがよかろう。自分のほうから他人の出来事に対する関心をなくそうと努力することだ。他人がどう思おうと俺は平気だと思うように努力するより、このほうが案外かんたんにできる。そして、他人の成功、失敗、幸運、不運が気にならなくなると同時に、他人が、自分をどう思うかということも、気にならなくなる。

劣等感を払いのけよう、はらいのけようとあがいても、なかなか劣等感は消えないものだ。しかし、優越感をなくそうとして努力すれば、いつしか優越感というものは消えてなくなる。他人の気持が気になって仕方ないという時も、逆のほうから直していくと、案外うまくいく。

一口に言えば、劣等感も優越感も他人に優越したいという願望からくる。優越したいという強迫的願望は、心の葛藤から来ている。優越感も劣等感も、同じ一つの原因から来ているから、どちらかがなくなれば他もなくなる。そのように優越への願望の激しい人は、自分を栄光化することで心の悩みを解消しようとしているのである。

当然のことながら他人に優越したいという願望が強くなれば強くなるほど、それを確認しようと自分と他人の比較が激しくなる。その願望が満たされれば優越感、その願望が満たされなければ劣等感、そのいずれかに苦しむ。優越感に苦しむというのはおかしい、と思う人がいるかも知れない。しかし、今述べた通り優越したいという強迫的願望は心の葛藤からきているのである。その心の葛藤を優越することで解消しようとしているに過ぎない。

もともと優越することで悩みを解消しようとする人は、自分の悩みの原因を間違えているのである。

他人のことが気になるという問題も同じである。自分で自分を軽蔑してしまうと、どうしても隣の芝生に気をとられてしまう。自分で自分を信頼している人は、他人のことをそんなに気にするものではない。自分は自分、他人は他人ということがよく分かっている。

人のことを気にする人というのは、肝心の自分のやるべきことをおろそかにする人である。人の芝生を気にする人は、自分の芝生の手入れを怠るものである。

自分で自分を信頼すれば劣等感も消えるし、他人のことも気にならなくなる。

交流分析の方でよく勝者と敗者とかいう言葉を使う。そして勝者とは、次のような人だと言う。自己を良く知り、本当の自分を表現し、自分に対する基本的信頼感がある。勝者は他人の機嫌を取ったり、怒らせたり、唆したりしないでも自己を表現できる。操作をしない。ふりをしない。仮面を被って真の自己を隠す必要はない。

勝者は自分の感情と自分の限界を知ることを学び、それを恐れない。自分の達成したことを楽しみ、他人の成功を喜ぶ。これはすばらしい文章なので、原文を書いてみよう。

Without envy they enjoy the accomplishments of other.

勝者は自分を受け入れ、自分を肯定する。自分の能力をとことん追求する。勝者は現在に生き、敗者は過去に生きる。

すべてを自分と対峙させる

他人の噂ばかりしている奴は、自分のことを人がどう思っているかと、クヨクヨしている奴なのだ。

「この世の中に自分は一人で生きている」そう思い込んでしまえないものだろうか。これは、自分も人と同じように生きているのだ、皆で一緒に生きているのだと思って、他人の人権を尊重することと決して矛盾しないことなのだから。

この世の中に自分は一人で生きている。自分が眠ってしまえば世界は消える。自分が目をさませば世界がまたあらわれる。世界をひとつのものと考える。人間と自然を含めて、生物と無生物を含めて、一つの物と考え、その世界と、自分とを向き合せるのだ。

いつの日か、自分は宇宙と一体だという感じにひたる時がくる。しかし、それまでは、自分の周囲にいる人間と自然と、何から何まで一切合切を含めて、自分と対峙させるのだ。いわば、地球の外に自分を置いて、地球をながめるのだ。もっといえば、宇宙の外に自分を置いて宇宙を考える。他人の心も何もかも含めて、一つの世界と考え、その外に自分をおいて考える。すると、フッと他人のことが気にならなくなるものである。自分だけを完全に世界の外に置いてしまうことは、他人のことを気にしなくなれる秘訣である。

人はみんな違うのだ

自分と他人の比較が……

足が不自由な人が、そのことで苦しむとすれば、それは、皆が不自由でないからだ。腕の不自由な人が劣等感をもつとすれば、それは不自由でない人のほうが多いからだ。腕の不自由なことが、生活に不便であるというよりも、自分だけ不自由であるということの劣等感で苦しむのだろう。また、足が不自由なのは、歩きにくいから苦しむというより、皆と同じに歩けないからだろう。そして街を歩いて、心の中で恋している恋人に出会った自分を想像して、その人は苦しむにちがいない。

人間関係の多くの苦しみは、自分と他人を比較することから生れてくるようだ。しかもその比較というのも、人間とはこういうものでなければならないという一定のイメージを描いて、それに自分と相手と、どちらが近いかという風に比較する。

いってみれば、人間は、二本の腕がなければいけない、二本の足がなければいけないというイメージをつくるのである。

僕は、これは「とらわれた心」だと思う。人間に二本の腕がなければならないという考えは、「とらわれた心」の持ち主のものである。

三本あってはいけないというのは、「とらわれた心」の考え方である。人間の腕は三本でもいいし、二本でもいいし、一本でもいい。

とび上がったつもりでとび下りた……

そうはいっても、実際に多くの人間が、とらわれた心でいるのだから仕方がない。とらわれた心は馬鹿らしいと思っても、それから抜け出られないのが現状であろう。

だいたい、人間には男と女としかいないというのを不思議に思わない程とらわれているのである。いや、人間の感覚もとらわれている。だいたい地面の上でとび上がると、上にピョーンと上がったつもりでいる。しかし地球がまるいことを考えれば、宇宙の下に向かってトーンと落ちて、再びスーッと上にすいつけられたと考えてもいいのだ。人間は逆立ちなどといって威ばっているが、逆立ちした人間と地球の反対側にいる人間とは、同じ方向に頭と足が向いているのである。二人の人間はピッタリと同じ方向に立っているのだ。ところが人間の感覚は心と同じようにとらわれているから、そうは感じない。宇宙の中にプカプカ浮いている地球の上にいて、一向に不安を感じていないのだから、考えてみると、全くおめでたくできている。たしかに、人間の感覚も心もとらわれている。とらわれた感覚からは、人間である以上、ぬけきれないとしても無理からぬことだろう。

決められたワクの中でしか生きられない

しかし、そのとらわれ方があまりにもひどい場合には、努力によって抜け出なければならないし、また抜け切れるのではないかと思う。

たとえば、大学を出たらすぐ就職しなければいけないとか、女だったら二十歳にもなればそろそろ結婚を考え、三十歳ではもう結婚しなければ遅いと焦っている。昔は二十五歳だと、もうオールド・ミスだった。医学的にはどうなのか知らぬが、女のほうが年上がいいとか、十八歳ぐらいでいいとかいろいろと説があるらしい。とにかく、一定の年令に達すると女は結婚しなければならないと考える。

世の中に、このような愚かな発想法はたくさんある。生まれてから死ぬまで、一応人生の生き方が決められている。自分の可能性を放棄して、制限つきで生きていこうとしているのである。そのように生きていかなければならないという科学的な根拠でもあるなら、そのように思ってしまっても無理もないだろうが、そうではないのだ。

自主性が確立していないから、その時々の社会の風潮によって、自分の人生をいいように振り回されてしまう。自分の考えがないから、社会の考えがそのまま自分の考えとなるのだろう。いや、人の考えがそのまま自分の考えとなってしまうのだろう。

ある東大の女の子が、先生からこういわれた。「卒業して、就職もしないでブラブラしているのはみっともないからやめてくれ」と。そして、その女の子は、卒業して就職できなければ恥かしいと心をいため、必死になった。ところがある女子大では、卒業して就職すると、それは恥かしいことで、就職をした人はそれをかくしたりまでするという。同じ時代の、同じ年齢の、同じ東京に住む女の子。片方はブラブラしているのが恥かしくて、片方はブラブラしていないと恥かしい。

就職とか結婚はどうあるべきかなどと自分なりに考えるよりも、こういうものだという小さな世界の考え方に従って就職し、結婚する。「世間の常識」にすっかりとらわれているのだ。どういう時に就職する、どういう時に結婚するのが普通であるという、とらわれた考えの下に、人生の一定のイメージをつくり、それに自分と他人を比較し、苦しんだり悩んだりしているのだ。

就職について三つの意見

僕は、大学を卒業する時、就職に関して学生の述べた意見の中で、まともなのは三種類だけだったような気がする。

ひとつは、自分が得たものを社会に還元する義務があると主張していった人達の意見である。さしずめ、日本国憲法第二十七条の「すべて国民は勤労の権利を有し義務を負う」という考え方を実践した人びとというわけか。しかし、これも、余程考えてからの結論でなければならない。僕等もよく徹夜で議論したものだ。そして、その議論の中には、このような就職の考え方は、思い上がっているという意見もあったくらいである。

第二にまともだと思ったのは、生活の必要のために就職していくというものだ。人間は生きていく以上、やはり金が必要なんだから仕方がない。しかし、これだってあらゆる反論に対して万能というわけではない。というのは、大学生ならアルバイトをしたって大学卒サラリーマン以上の金は入る。家庭教師の方が、はるかに、きちんとした勤めよりも、割はいいのである。

おそらく生活の必要のためというのは、きちんとした大きな会社につとめなければ、不安定な気持だからだろう。しかし、いくらきちんとした会社につとめても、日本が、アメリカか、ソ連か、中国とでも一回戦争をやれば、ひっくりかえってしまう。安定といっても、それは単なる程度問題なのである。

こうした気持で就職する人は、会社に入ってからも、辞めさせられたら大変だというので、上役にはペコペコ頭を下げ、正しいと思うことでも主張できず、オズオズとしながら生きる人である。

僕が少年時代にたまに遊んでいた、元公爵令息などというのは、当時は、社会の中でまだまだ安定した地位を占めていたようであったが、今では、どうにもこうにもならなくなっている。いや、試みに、第X代将軍というような人を調べてみたまえ、もう社会が相手にしなくなっている。でも、当時は今、大会社につとめている人よりも社会的地位は安定しているように思えたのである。

大きな会社につとめて、安定したなどと考えている人間は歴史を知らない人だ。スペインの無敵艦隊は敗れた。太陽の没しない国といわれた国々も、あるいは消え、あるいは衰えた。さしもの隆盛を誇ったローマ帝国も滅びた。もはや動くことはないだろうといわれた江戸時代の身分制度も崩壊した。

就職について第三にまともだと思ったのは、「大学でると、どうして、みんな就職していくんでしょうねえ」という意見である。この意見を吐いた男は、僕の知るかぎりでは、たった一人だった。その男は、今、フィリピンにいってしまっている。

この三つの意見以外で就職した人間はなんかおかしいと、僕は思う。みんな、とらわれた心の持ち主である。

会社の名より仕事の内容だ

大切な就職ひとつをとってみても、ほとんどの人は、学校を出たら当然就職すると決めてかかっている。そして、就職できないと、なげき苦しむ。全く馬鹿げた話である。

僕は学生の時、アルバイトで臨時に、ある学校に先生にいった。そして、大学卒業後も、その学校にいたら、周囲の人が猛烈に反対した。「アルバイトをしているだけで、どうしてキチンとした就職をしないのか」

こういう人は、もともと最低の考え方の人間である。就職といえば、大会社に入るか、官庁に入ることだけだと思っている。仕事の内容がどうかなどということは全く無関係で、就職していく人間である。これほど、僕と、僕のいる学校を侮辱した言葉もないのだが、実は、こんなことをいう人間は可哀そうな人間で、決してこちらで腹を立てるべき人間ではないのだ。

僕は、仕事が自分に適していると思えばやるし、自分には適していないと思った時には止める。それだけである。

大学卒業時に就職の状況を見ていると、人の眼を意識して就職する人が多い。大学という社会の中にいると、完全に、とらわれた心になって、「大学を出たら就職しなければならない。就職は、できれば人気のあるところでなければならない。少なくとも皆の知っている会社にすべきである」こう思い込んでしまうのである。そして、この線からはずれた人間は、ひどい劣等感を持つ。

あらゆる社会が、こういう時にはこうして、こういう人はこうすると決めている。そしてその線からはずれた人は、みんな劣等感を持つ。自分は、もう駄目な人間だと思い込んでしまう。アホラシイ!

たった一回の人生なのに

たった一回しかない人生を、とらわれた考えの下に、苦しみ悩んで、無意味に過して死んでいく。人間というのは実におろかしくできているものだ。しかし、それでもやはり、人間はそこから抜け切って自分なりの人生を歩んでいかねばならないと思う。自分が死んでいく、その時のことをじっと考えてみるのだ。今や息を引きとろうとしているベッドの上の自分の姿を静かに想像してみるのだ。くだらぬイメージにとらわれている自分が馬鹿らしくなるはずだ。人間は、実にいろいろの運命をもって生れてきている。小児麻痺に生れつく人もいれば、オリンピックに出場できるほど体のいい人もいる。各人が、様々な運命をもって生れてきている。実にいろいろなものだ。本当に様々に生れてきている。黒く生れる人もいれば、白く生れる人もいる。小さい頃から働かなければ食べていかれない人もいれば、一生働かなくても食べていかれるほど財産のある家に生れる人もいる。左足が長すぎる人もいれば、右足が長すぎる運命に生れる人もいる。スタイルよく生れる人、スタイルがわるく生れる人、ふとった人、やせた人、背の高いの低いの……。いろいろだ、全くいろいろだ。

それぞれの人間が、それぞれの運命をもって生れてきているのだ。それなのに、どうして皆が同じように生きようとするのだ。一定のイメージをもって一定の線を引いてそれに合わせて生きていこうとする。自分は、自分なりの運命の下に、自分なりに努力して生きていこうとは思わない。人と同じように生きようとあがいている。どうして他人と同じように生きようとするのだ！

他人と同じように生きる必要は全くない。よほどの秀才でもこれに気が付いていないようである。

他人と同じようにしていると安心するのである。また他人とおなじようにすることで、相手に好意を持ってもらおうとしているところがある。他人が恐いと同じようにすることで、その恐怖から逃れようとすることがある。不安や恐怖からの逃避として他人と同じようにする。他人と同じようにするのは、不安から自分を守ることである。

親の真似をすることで同意を示す子供たちもいると、ミュリエル・ジェームスという交流分析家は言っているが、それはそのまま大人にも当てはまるのではなかろうか。何でもハイハイと同意をする、人の真似ばかりをするという人は不安なのである。何でもハイハイと言い、何でも同じようにする性格は不安に対する防衛的性格である。

日本人がよく人の真似をするのは、同意を相手にあらわしているのではなかろうか。人を真似ると言うことは、それだけ人を気にしているということでもある。人に同意を示し、それで安心しようとしているのである。

人の真似をしていると安心していられる。人と同じにしていると不安から逃れられる。しかしやはり、心の底では自分が頼りない。そこでまた人と同じようにしたり、人の真似をするということになる。

自分なりの生き方ができるまでは

たしかに、自分なりの考えができるまでには、自分なりに生きていくことはできないだろう。いくらわかっても、そうした気持にならないだろう。僕は、どんないい所に就職しても、どんないい人と結婚しても、自分なりに生きていこうという気持になるまでは、人生は不安なものだと思う。

実は自分なりの考えをもつということは、就職よりも結婚よりも、もっと先にある、もっと、もっと大事なことだという気がする。その気持ができれば、たとえ就職口が社会的に低く評価されるところでも、そんなことぐらいで自分の心が乱れることはないだろう。もっとも、すばらしく高く評価される安定した就職口でも、アメリカとでも一回戦争すればひっくりかえってしまう。これは前にものべた。しかし、自分なりの考えは、アメリカと戦争したぐらいではひっくりかえらない。

自分なりに生きていくその気持ができあがるまでは、どこにどうしていても何かオズオズとしている。よく、アクセクアクセクして、人と同じように生きようとあがいている人を見ると、あの人は、結局ああしたまんま、自分が死んでいくということに気がついていないのだろうかと思い込んでしまって、何か可哀そうになってきてしまう。

人間はいろいろなんだ、人生の生き方は人間の数だけあるんだということが実感としてこなかった時は、アクセクしている人種とちがった人を見て、人間の不幸に心をいためていた。

人間は比較できないものだ

たとえば浪人時代には、街で足の不自由な人に出会うと時に思わず涙がこみあげてきて、その後姿をいつまでも見送っては、「人間というのは、どうしてこんなにまで不幸でいなければならないのだろう」と悲しんだものだった。人類の背負った不幸が、自分には耐え切れないような気がした。しかし、今は、自分なりに生きていこうとしないで、人と同じように生きようとアクセクしている人を見ると、そのほうがはるかに考えさせられて、人間の心のあさましさが悲しく思われる。

自分は自分なりに努力すればいいのだ。人と比較することはやめるのだ。もともと人間は比較できるものではない。絶対に比較できるものではない。少なくとも結果を見て人を比較するなどというのは、逆立ちしてもできない。もし比較できるとすれば、ただ次の一点だけである。

努力するか、しないか。

人はよく、自分では努力しているつもりでいる。人よりも自分のほうが努力しているつもりでいる。勿論僕もそうだ。自分は人よりも努力しているのに報われないと僕も思った。しかし、このごろよくよく人を見てみると、皆努力しているような気がしてきた。皆が夢中で生きている。自分のほうが努力している時もあるだろう。しかし、案外人も外から見かけるよりは努力しているものだ。

とにかく、人と人を比較するなどというのはとんでもないことだ。皆が、それぞれの運命を背負って生きているのだ。自分と人とを比較して思い悩むという時期はたしかにある。しかし、やはり自分と人とは比較してはいけない。あの人より自分のほうが良いと思ってホッとしたり、悪いと思って悩んだりすべきではないのだ。勿論、僕もホッとしたり悩んだりしたものだが、やはり、それはすべきでない。

人間は生まれたときからそれぞれ違っている、とはパール・バックの言葉である。もともと人間は一人一人違うのに、それを比較して優越感を持ったり、劣等感を持ったりするのは愚かなことなのである。他人に実際の自分より自分を良く見せようとするのは愚かなことである。自分は自分であればよい。自分自身であろうと決心することは、人間の決心のなかでも最も重要な決心である、とはシーベリーの言葉である。

私たちが死んで神の前に呼ばれた時、神は私たちに、なぜ貴方はアレキサンダー大王になろうとしなかったかとは尋ねない、なぜ貴方はあなた自身であろうとしなかったかと尋ねるであろうという。

私が訳したバスカリアの本のなかに、次のような話が出ていた。私たちが死んで神の前に召されたときに、神が尋ねることは私たちが救世主、有名な指導者にならなかった理由でもなければ、人生の奥義でもない。質問はもっと単純である。それは、なぜあなたにならなかったかということである。

つまり充分に活動的で、自己実現している人間、あなただけがそうなる潜在力を持っている人間、そのような人間になぜならなかったのか。世界の誰もがなれない自分になれる可能性があるのに、他人のことを羨んだり、妬んだりなどしている暇はない。

私はまた、ウェイトリーという人の書いた『成功の心理学』という本を訳した。それに、私が本を書きはじめた当時書いていたのと、全くといっていいほど同じ内容のものが載っているので、引用してみる。「大人は、自分を周囲の他人と比べるのではなく、自分の能力、関心、目標をもっと掘り下げて自分を見つめなければならない」。

自分は自分、他人は他人ということを感じられる人が、心理的に大人ということである。自分の人生は、誰のものでもない、自分自身のものだということを、私たちはいつも自分に確認しておく必要がある。

そのように感じられない人は自我境界が不鮮明なのである。ミュリエル・ジェームスの『自己実現への道』のなかに、フレデリック・パールズという人の次のような言葉が出ている。精神病者は「私はリンカーンである」と言い、神経症は「私がリンカーンのようであったらなー」と言い、健康な人は「私は私であり、あなたはあなたです」と言う。

シーベリーは悩んでいる人は、「私はそういう人間ではありません」ということを言えない人だと言う。逆に言えば、他人から自分ではない自分を期待されたときに、それを断る人は悩まないということである。

「自分に自信のない人は責任のあることを避けようとするし、自ら進んで回りの人に働きかけることもない。他人との比較に敏感で、僅かなことで機嫌を害したり、嫉妬したりする。他人のことを詮索する」(『個性と適性の心理学』講談社、託摩武俊著)

「鳥には鳥の世界があり、モグラはモグラの世界で生きている」(『生きるとは何か』岩波書店、島崎敏樹著)、「高い木の梢の突先に鳥が一羽とまっている。風のなかで梢が大波のようにゆれているけれども、鳥は梢と一緒にゆすられながら一向平気で、目をまわしてしまうことはない。それから地の中を掘りすすむモグラは、ぐるりがいつも真っ暗闇なのに別に恐れる気配もみえない。」(同右)

「自分のすることを他人の理想と比べる不幸な人は、その力の半分をもぎ取られたようなもの」シーベリーの言葉である。

人はみんな違うのだ!

人と較べて、あの人よりは自分のほうが恵まれていると思って、自分の不幸をいやそうとする人がいる。また、人の不幸をなぐさめるのに、「君より不幸な人はたくさんいる。

君は両足あるが、足の不自由な人だっているじゃないか」という言い方をする人がいるが、その人はまちがっている。

それでは、足の不自由な人はどうやって生きていくのだ。自分より恵まれていない人は、どうやってその不幸を背負って生きていけばいいのだ。

そういう考え方は、他人の生きる権利を無視した考え方である。自分より恵まれている人を見て、うらやんだり、ねたんだりしては生きていけない。と同様に、自分より恵まれてない人を考えて、それをたよりに生きていくのもよくない。

ちがうのだ！　ちがうのだ！　人間はみんなちがうのだ！　誰とも自分を比較してはいけないのだ。ちがう！　どうしてもちがう！　絶対にちがう！

おそらく、それでもなおかつ、自分を他人と比較して思い悩むことだろう。たしかにそうだ。自分なりに生きることができるのは、自分なりの考え、思想ができてからだからだ。その思想ができていないから、他人の言動に動かされ、社会の風潮にひきずりまわされる。自分に何もないのだから、人にひきずられるのは当然のことだろう。

結婚なら結婚、大学進学なら大学進学について、自分なりの考えがないから、人が結婚すると自分も結婚しなければいけないと思い、人が進学すれば自分も進学しなければいけないなどと思うのだ。一事が万事、すべて人生がそうなってしまうのだ。根本的には自分の思想が生れてくるまではすべて解決はつかない。

ただこういうことはいえる。自分と他人を比較して悩むのは、他人と他人を比較して、あの人よりあの人のほうがいいとか、悪いとか思う気持があるからだ。だから、まず、他人と他人の比較をやめることだ。すると、いつしか自分と他人をくらべることもなくなる。ちょうど、他人が自分をどう思うかという悩みから抜け出すのに、まず自分が他人のことを気にしないように努め、劣等感から脱出するのにまず優越感を捨てるように努めるのが近道であるのと同じである。いずれにしても、自分の心の中を正していくことだ。人間と人間を比較することは、人間と犬を比較するよりもっと不可能なことなのだ。

マックギニスは、自分を他人と比較することは弱点へのこだわりを引き起こす、と言う。そして、次のように述べている。

他人と自分を比較するのは、ジェットコースターに乗るようなものである。

自分の外見に満足していても、ある日、ハンサムな人と同席すると、自分が不細工に感じる。また自分は頭がいいと思っていても、たまたまもっと頭のいい人と会食をすると、酷く自分が頭の悪く思える。たまたま会った人が自分より優れた音楽家であっても、有名人やお金持ちであっても、自分の価値が下がることはない。

また、たまたま自分の隣人が自分ほど社会的に成功していなくても、それで自分の価値が上がるわけではない。他のどんな人間の存在とも全く独立に一人一人に価値がある。

ほめられても泰然として自分の道を

それにしても、人の運命はいろいろだが、人の性質もいろいろだと思う。

僕の山の先輩で、人にさそわれるまま競馬にはじめていって、淡々として馬券を買ったら、十三万円だか十四万円だかもうけてしまったという人がいる。昭和三八年の話である。彼は電話帳をあけて、たまたまそのページに書いてあった人の住所を封筒のウラに書いて差出人とし、慈善事業にその金を送ってしまった。彼は人からさわがれるのがきらいなので、自分の名を封筒に書かなかったのである。

世の中には、逆に人にさわがれたくてあがいている人もいる。人から騒がれたくないために頭をつかっている人もいれば、人から騒がれようと頭をつかっている人もいる。全くいろいろといる。いろいろと。

人のことばかりを気にするよりも、自分なりの努力をし、自分なりに生きていく以外に、人生の生き方はないと僕は思うのだが。

勿論、自分なりに生きていればそれなりに、人からの非難はあるだろう。また人からの賞讃もあるだろう。しかし、人がほめても、けなしても、自分が気にしているほど、人は本気で言っているのではない。前にも言った通りだ。人は軽い気持でほめたり、けなしたりするものだ。いちいち思い悩むほどのことでもない。

こんなことを何ヵ月まえに君に言われたと言って怒ってくる人があるが、言った当人である自分が、いくら考えても、そんなことを言ったかどうか、思い出せないことがある。立場が逆になる、こともあるだろう。いずれにしても、人は、自分のことを、ほめても、けなしても、その場で忘れていると思ってまちがいない。人からけなされて不愉快になった時は、自分が思っているほど深刻な意味で言ったのではないと思って、気をとりなおそうと努力するのだ。

人が軽い気持でいって、忘れてしまっていることで、自分が不愉快になっているなどということは馬鹿らしいことなんだ。

そして、同時に、人からほめられた時にも注意しなければならない。この場合も、人は軽い気持でほめているのだから、いい気になってのぼせ上がって行動してはならない。自分なりの生き方をしていない人は、ほめられるとオダテにのって、調子づいて生きていく。

ズにのった女の子の反省

これもある女の子の話である。その女は不美人で、頭のいい女の子だった。彼女は男の人に会えば必ず、「あなたのように頭のいい人が普通にしていてはもったいない」と言われた。彼女はいい気になって大学を出て、大学院にいき、大学院も卒業したが、オールド・ミスの三十歳になった。その時、彼女がしみじみと述懐してくれた。

「私は馬鹿だった。頭がいい、頭がいいとおだてられて今まできたけど、結局誰も私と結婚しようとはしてくれなかった。男の人に会うと必ずほめられたが、誰も私を愛してはくれなかった。無責任な男の人の言葉にのって、自分の人生を決めていた私は馬鹿だった」

人の言葉というものは無責任なものだ。自分なりの考えをもっていない人は、この無責任な言葉にあやつられてしまうのだ。たしかに、その女の子が頭がいいと思ったから、男はほめたのだろう。しかし、男は、おまえの人生に責任をもってやろうという意味で言っているのではない。

人は他人の人生にまで責任をもてない。しかし他人の人生を批判する。このことをしっかり頭において、自分の人生に責任をもって自分なりに生きていく以外に手がないだろうと僕は思う。

自分なりの
人生を歩め

サルトルが偉いか僕が偉いか

僕がもし、「僕とサルトルとどちらが偉大か？」と周囲の人達に聞いたら、周囲の人達は僕を精神病院に入院させる手続をとるだろう。だが、実をいうと、こうした態度の中に現代人の不幸の原因というか、無気力の原因というか、そうしたものが隠されているのだ。人々は、サルトルは偉大であるが、僕は偉大でないと考える。だが、こう単純に決め込んでしまう人間は、小学校や中学校の先生より大学の先生の方が偉大であると考えている人々なのだ。小学校や中学校の先生と大学の先生がやっている仕事は、全く別の仕事なのである。

どうあがいてみたところで比較などできるものではないのだ。小学校や中学校の先生と大学の先生を比較するのは、海と山とどちらが偉大かというような全くばかげたことなのである。言えることは、どこまでも「どちらが好きか、どちらにむいているか」ということだけである。

「松の木はその枝を伸ばそうとします。樫の木と張り合おうとしているわけではない」

と、シーベリーは書いている。

なぜ優秀なのかなぜ偉大なのか

ここまでいっても、まだサルトルの方が僕より偉大だという人がいるだろう。なぜなら彼の書いたものは全世界の人々に読まれるが、僕の書いたものなど翻訳されないと。サルトルの書いたものは知的にすぐれた人が読むというばかりでなく、そうしたものの中でもきわめてすぐれたものであると。すなわち種類が有名というだけではなく、その有名の種類の中でも優秀であると。だが、こういう話は、有名大学の教授は無名大学の教授よりエライと思い込んでいる連中である。

僕はこのように言ったからといって、何とかして自分の頭の悪さや、ハンサムでないことを正当化しようとしているのではない。自分が無名の青二才であることにひけ目を感じて、逆に虚勢をはっているわけでもない。

だいたいにおいて、素直に考えて、フランスの大統領と身体障害者の看護婦さんの仕事を比較できないことは誰でも感じるだろう。それなのにドゴール大統領の方がどうして看護婦さんよりエライと思ってしまうのか。

「自分の歌を歌う詩人になりなさい。自分の色を持った画家になりなさい」とは、シーベリーの言葉である。

価値の上下をつけたがる日本人

日本人はどうしてこうまで価値の上下をつけずにいられないのだろうか。僕は時々、本当にビックリする時がある。

ある会社の社長が政界入りして大臣になった時、「あれじゃ、政界と財界の間に格づけをしちゃう」とある人が言ったのを聞いて、奇妙な気持になったのを覚えている。こうなると何か異常な感じがしてくる。

「『岩波』か『カッパブックス』か」などということを文化人と言われている人々が論じているのを聞くと、その愚かさ加減にいや気がさしてくる。またそうした問題を出版社の社長と大学教授が新聞で激論して興奮しているのを見ると、もう一度、小学校から人生をやり直さなければどうにもこうにもならないように思われてくる。

こうした幼児は本当に始末がわるい。こうした力をもった大人は、電気療法か何かでショックを与えないと、まともな人間にはなれないのではなかろうか。「岩波」と「カッパ」とは、全く背負っている役目がちがうのだ。

自分は価値ある人と思われたい

こうして何でもかんでも価値の上下をつけないでいられないのは、おそらく心理的に見れば、心の底の不安が原因になっているのであろう。価値の上下をハッキリとつけて、自分はその価値ある上の方であると確信したい心理なのであり、自分の内面の自信のなさを暴露しているにすぎない。

物事をそのままに認めることのできない人間は、心の中に何か葛藤があるのだ。こうした異常なほどに価値の上下をつける人間は、不適応な人間である。人生に適応しきれない人間の言動である。

実はこんなことは小学生の時に「職業に貴賤はない」と習っているはずである。僕は最近、現代の大人は小学生からやり直さなければ駄目だと思うことがよくある。「人生とは」という第一歩からやり直さないと救いようのないのが、現代の人間である。

偉大な人間とは何だ

自分に与えられたものに感謝して、理想に燃えて全能力を発揮して生きている人間は、内面に誇りをもっている。偉大ということは、自分の果すべき役割を立派に果す人間である。

役割自体に価値の上下をつけるのは、士農工商といった階級をつけていた封建時代のなごりである。封建時代には「分をわきまえる」ということは美徳であった。しかし、この「分」には価値あるものと価値なきものとがあった。民主主義時代の美徳は「分」の価値の上下をつけず、自分の役割を果すことである。

考えてもみろ。人間は、どうしようもない、変えることのできない自分というものを担って生まれてくるのだ。美人に生まれるか、不美人に生まれるか、どんな家に生まれるか、頭がいいかわるいか。

人間は自分で選ぶことのできない、実に多くのものをもって生まれてきているのだ。けっとばされても、ぶんなぐられても、ふんづけられても、はりたおされても、どうにもこうにも自分では自由にできないものをもって生まれてきているのだ。

われわれは、日本人になりたくて日本人に生まれてきたのではない。そして、それがいやだといって、階段の上からころがり落ちてもアメリカ人になれるものではない。

そうである以上、そのことを腹の中にガチッと据えて生きていくより仕方がない。

自分なりの人生を歩め

われわれは全くちがった人間として生まれてきているのに、無用な競争に神経をすりへらしてノイローゼになってみたり、劣等感をもったりしているのだ。生まれつきちがっているのだ。そして、それは自分の力ではどうにもならないのだ。

それほどちがった人間として生まれてきているのに、どうして自分の人生を他人に真似してつくろうというのだ。

やるべきことは、「俺には俺の生き方がある」といって他人にまどわされず、自分なりの人生を歩むことなのだ。

どのような事態にさいしても自己のペースを堅持しきれるか、しきれないかに人生の幸福がかかっている。

ウェイトリーは、『BEING THE BEST』という著書の中で、次のような例をあげている。ある映画をウェイトリーは見たという。それはアメリカのブラウン郡にある小さな町で行なわれたマラソン大会の記録である。一〇〇人以上の人が参加した。そしてこの映画では、そのうちの三人に焦点を当てている。

一人の女性は自分の記録を数秒でも縮める事を目標にしている。三時間五三分という自分の最高記録を破るランナーがたくさんいることを知っているが、目標は自分の記録の更新である。

もう一人の人は完走できればいいと考えている青年である。その青年はまだ完走したことがない。しかし、やる気のある青年である。四時間かかってもいいから彼は完走したい。彼にとっての成功は完走である。二六マイルというきびしい道のりを完走する力のあることを自分に確認することである。

第三の青年は死力を尽くすつもりの青年である。勝てるかどうかに自信はないが、自分がどこまでやれるかに興味を持っている。

三人はそれぞれ目標を達した。三人は勝利者であるというのがウェイトリーの考えである。

現代の教育のすべきことは

そして教育とは、いかなる環境の中でも自己のペースを守りきって、自分の人生を歩むことのできる情緒的能力をさずけることである。しかるに先生の中には、それを学校の中で競争のない環境をつくってやるのが教育であると、はき違えて考えている人がいる。

学校の中で競争のない、なまぬるい環境をつくっても、社会に出れば激しい競争が行なわれているのだ。学校でやるべきことは、その目まぐるしい競争の中で、泰然自若として「俺は俺だ」と言って、何事にもまどわされず自分を守りぬき、ひと真似をして競争にまき込まれないだけの気持をつくることなのだ。

現代のサラリーマンには異常なほどの「地位意識」があるという。そして地位のわずかな差にも敏感であるという。誰が先に係長になるか、課長になるかと気をつかう。そんなことだけで人生が終わってしまうことに気づかずに、定年になっていく哀れなサラリーマンが何と多いことか。

現代の教育とは、そうした社会の中にあって、あくまで自分をみがくことに力をそそぎ、いかにして社会に尽くすことができるかと考え、他人の真似をして自分を見失うことのないような人間をつくることなのだ。そして、そのことに誇りをもてる人間をつくり上げることなのだ。

価値の上下をつけず、自分の役割に誇りをもって打ち込める人間をつくることなのだ。たとえ他人が自分を低く見ても、笑って問題にもせず、自分のやるべきことをやっていかれる人間をつくるのが、現代の教育のやるべきことなのである。

墓に入るまで落ち着きのない現代人

ところで、現代の教育が、そうしたやるべきことをやらないから、生まれでてくる人間はすべて、他人のことを気にし、おおらかで大様なところがなく、たえずビクビクしていてドッシリしたところがないのだ。他人の動向に敏感であり、噂を気にし、上役の気持や同僚の評判に反応を示し、飯を食う間も落ち着くことがない。「二六時中キョトキョト、コソコソとして、墓に入るまで一瞬の安きことなし」とは、夏目漱石の、現今文明の弊をついた言葉である。

次の言葉は誰であったか忘れたが、全く、「全世界を二十四時間、海底に沈めて在来の自覚心を滅却したのち、日光にさらしてかわかすより他に良法なし」という感じである。

さらに悪いことは、このように神経症的自意識の強い人は高度教育を受けた人であるということだ。

教育が、そうしたものを滅却して大様な人間をつくり、他人の昇進や失敗を気にせず自分の道を進んでいかれる気持をつくるべきなのに、事態は全く逆である。もっとも、それもそのはずで、だいたい教師といわれるものが、神経症的自意識の鋭敏な人間であるのだから仕方ない。

そして、そうした異常さが「地位意識」の中に表現され、勝ったものはのぼせ上がり、負けたものは劣等感をもつという、全く馬鹿げたことをおこすのだ。

さらに馬鹿げたことは、その小さなひとつの機能が劣っていることによって、自分が人間として全く駄目な人間であると思い込んでしまうことだ。

誰にも夕陽はきれいに見える

それよりもひどいことは、自分はもう彼等と同じ楽しみを味わうことができないと思ってしまうことだ。「神様でも砂糖のとける間は待たねばならぬ」という格言があるが、冬になれば、出世した人間だろうが出世しない人間だろうが寒いのである。夕陽が金持ちには美しく、貧乏人には美しくなく見えるということもない。

ほんのひとつの機能が劣っていることによって、一日二十四時間のうち、誰もが味わえる喜びさえも放棄している人間がいる。むしろ世俗的には失敗している方が、気楽にそうしたことを味わえるのかも知れないのに。

偉くない人間は偉くなりたいと思うのは、ちょうど、子供が大人を見て「大人になると勉強しなくていいから、はやく大人になりたい」と思うのと同じことだろう。成功しないうちは千円、二千円で苦労していたのに、成功してみたら、今度は千万円、二千万円で苦労していたということもある。

とにかく、この他人を気にすることや、同僚間の地位に関する競争意識をなくすような教育をしなければならない。

そして、自分のやるべきことは誇りをもってやり、やたらに価値の上下をつけたら、それを気にしない人間をつくることである。

ある二人の女性秘書

僕は、ある会社重役の秘書であるAさん、Bさんという二人を知っている。Aさんは、自分のできることは何でもしてやろうという意欲に燃えている秘書である。

ある時、僕はAさんとその重役ほか数人が集まった会に出た。遅くなって、時間が夜の十時半になった。重役はAさんに「いつでも帰っていいんですよ」といった。答えたAさんの言葉はこうだった。「重役がお帰りになるまで帰りません」

ところで、Bさんという秘書がいる。ある日の夕方、そのBさんのいる重役室を訪ねて、そこにいる人と話をしていた。もともと、僕は用事で訪ねたのでもないので、はやばやと失礼して部屋を出てきた。するとその建物の出口のところで、後からきたBさんに出会った。

僕は彼女に「もう帰るんですか?」と驚いて聞いた。すると彼女は、「勤務時間は五時までなんですもの」といった。

僕は余計なことではあるが、いま出てきた重役室には秘書は彼女一人であり、しかも重役とそのお客様が何人か居て、いったい誰がお茶を出したりするのだろう、また皆が帰ったあとには、お茶わんは洗われないまま、そのテーブルの上に翌朝まであるのだろうかと思ってしまった。

その後、Bさんと会った時、彼女は「はやく今の職をやめて結婚したい」とそればかり言っていた。そして、Aさんは、会うごとにますます魅力のある女性になっていくのに、Bさんの方は、会うごとに次第に魅力のない女性になっていった。

ところが、Aさんも、Bさんも、同じような会社の同じような秘書であり、同じように東京のある女子大を卒業しているのだ。誇りをもって仕事をしている人間と、誇りをもたないで仕事をしている人間と、こうもちがってくるものかといつも驚いているのである。

生きんとする意欲があるか

年齢が増すごとに魅力を増してくる女性と、二十二、三歳を境にガタッと魅力をなくしてくる女性がいる。ガタッと魅力をなくすのは花嫁道具に女子大を考えた女性で、勉強しようとするのではなく、単位をとろうとした女性である。

自分の与えられた環境の中で、力いっぱい生きていこうとしている女性は、年とともに魅力的になっていくものである。魅力があるかないかということは、顔の型がどうの、記憶力がいいの悪いのということではない。体内にある「生きんとする意欲」があらわれているか、いないかということである。

人間を無視した機械的機能

現代は人間が人間であることを忘れた時代である。ということは機能ばかりが重んじられているということであり、教育もまた、人間の機械的な機能の錬成にばかり重きを置いていることである。

だが、政治家であるとか、芸術家であるとか、あるいは先生だとか、銀行員だとかいう、機能ばかりを重んじることは、ちょうど、ギリシャ神話のプロクルステスのベッドのようなものである。

プロクルステスは山小屋の中に住んでいて、すべての旅人を呼び入れていっしょに食事をとり、その晩はその小屋に泊らせた。しかしプロクルステスは旅人がベッドより短いと、ちょうどベッドに合うくらいまで引きのばしてしまって、旅人の命を奪い、また、もしベッドにくらべて旅人が長過ぎると、その足を切断した。今の社会でいえば、社会的な機能がベッドである。

銀行員は、自分の友達がきても、「いらっしゃいませ」と頭を下げろといわれているそうである。

自分の友達がきた時、「ヨオー」といわずに、「いらっしゃいませ」と言えということは、まさに人間を無視して機械的機能だけを考えたやり方である。こうした生活をしていると、いつのまにか人間らしいところがなくなってくる。

自らの役割に誇りをもて

人間のために仕事があるのに、仕事にあわせて人間がつくられる。人間のためにベッドがあるのに、ベッドのために人間があるというのと同じである。

「貴方は唯、芸術家でした。人間ではなかった」という格言は、現代においてジックリと考えるべき言葉である。

教育は、人間の機能的な面の教育と同時に、人間的な面の教育を忘れてはならない。そして人は、価値の上下をやたらにつけず、自分の役割に誇りをもって生きることである。無気力にならず、劣等感を持たず、自分の役割に誇りをもって働くことである。

イソップ物語に次の様な話がある。

像が子供を連れて散歩にでかけました。

像の子供がいたずらをしておかあさんのしっぽをかみつきました。それでもお母さんはだまっていました。

それをみて、猫がまねをしました。ところがお母さんは怒って子猫を捨ててしまいました。

猫は像ではない。猫は自分が猫であることを忘れている。

自分なりの
思想をつかめ

東大に落ちて不幸だと思った時

僕はある日、「自由な心」という考えをつかんだ。自由な心とは、「捨てきれる心」ということなのだ。名誉も、権力も何もかも。

僕が、「捨てきることができないかぎり、自分は幸福にはなれない」、そう感じたのは十八歳の時だった。その時は名誉とか権力とか金を求めてはならないと単純に考えたのだ。東大に落ちた時にそう考えたのだ。

東大に落ちた時、実は自分なりにかなり不服だった。学校の実力テストや校外の模擬テストの実力からいって、自分は東大に入ってもいいだけの実力をもっていると考えたからだ。「俺は運が悪い。不幸だ」そう思ってしまった。

しかし、落ちついてきた時、僕はなぜこんなに不幸な気持なのだろうと考えた。高校にいかれない人もいる。それなのに俺は高校を出られた。家庭的に不幸な人もいっぱいいる。それなのに俺はこの上なく平和な家庭に何不自由なく生活している。俺が不幸なのは、ただ東大に入れなかったことだけだ。俺より恵まれていない人がたくさんいて、その人達が笑って生活しているのに、自分が不幸だというならば、自分はどこまでいっても不幸なのだと思われてきた。

　こんな生活と気持ちの持ち方をしているかぎり、僕は一生不幸で終らねばならないと考え、人間自体の悲劇に敗けてしまいそうになったということは、前に書いた通りだ。しかし、また一方で幸福になれるなら今だって幸福になれる、と考えた。

工夫と農民を見て考えたこと

　浪人時代のある日の日記。

「帰宅した時は未だ晩飯の用意ができていなかった。それに外は未だ明るかったので、久しぶりに散歩にでた。初夏の涼しい夕暮の田園風景、落着いた静かな幸福感。栗の木の枝を折ってみた。ビシリという音がした。

　帰りがけに新道の坂下の水道の工事の所へ出た。工夫たちは赤土で泥ネズミみたいになって帰っていくところだった。でも彼等は互いにゲラゲラ笑っていた。一日のつらい仕事をおえて夕暮の帰途についた彼等を待つものは、いったいどんな家庭なのだろう。でも彼等は笑っていた。互いに大きな声で元気に話し合っていた。

　農家の夫婦が仲よく一台のリヤカーをひいて帰っていった。ほのぼのした夫婦の愛、いかにも幸せそうなほど仲よかった。

娯楽とか、人の気持を気にするとか、尊敬されたい気持などというのは彼等には関係ないことのようだった」

俺は権力や金を求めているから不幸なのだ。しかし考え方によれば、浪人している現在の自分だって金もあり、名誉もある。これらの物を求めているのがいけないのだ。現在の自分を不幸にしているのは、この権力やお金に執着する気持だけだ。そう思って、それ以後は、毎日毎夜、この名誉欲や権力欲との闘争を心の中で開始した。

つまらない事にも考えこんでいた僕

それからしばらくそんな心の中の闘争がつづき、六年たち、七年たった。僕は人以上に権力欲が強かった。しかしまた、人以上にそうしたものを否定する気持も強かった。だから人が何のこだわりもなくできることでも、僕はその二つの気持の血みどろの葛藤なしにはできなかった。ハッキリ権力を求める行為でなくても、日常のことでもそうである。高校時代から、単純に学校に登校するとか、授業に出るとか、先生の言うことを聞くとかいうことまで、いちいちそうだった。

僕は山の仲間と一緒にいる時、「こいつの心には俺のようにみにくい要素がないんだなあ」と思って、しみじみ美しいと思う時がある。人が百メートルを走る時、普通の人は平たんなトラックを走っているのに、僕はハードルを飛び越えながら百メートル走らねばならぬようなものだった。山の仲間が平気でやること、平気で止めることに、いちいち抵抗を感じながら、必死にならないとついていけないのだった。

また、権力欲との闘争とか何とかいうことではない、誰でも通過する人生の出来事のひとつひとつに、いちいち考えこんでしまわねばならない男だった。

大学の卒業に際して、大学の掲示板に並べられている会社の求人一覧を見て就職していってしまうという芸は、とうてい僕にはできなかった。

「ああ、いやだいやだ！　もう疲れた。俺は疲れきった。どうして俺はもっと素直になれないんだ。皆と同じに受験勉強し、同じに授業に出、同じに就職していくことが、どうしても俺にはできないんだ。ああ、俺は疲れた」

これも日記の一節であるが、とにかく高校以来、こんな状態で六年、七年とすぎていった。

ウルフは、コンフリクトと疑心とは臆病で前に進めない人が持っている性格特徴である、と述べている。大人になるということは決断を必要とする。しかし、神経症的傾向を持った人はそれが恐い。責任を負うのが恐いのである。そこで疑心を利用する。気持の辛さを利用するとウルフは言う。辛がっている人は、前に進むことが恐いから辛がっていると言う。

このような日記は物事を真面目に深刻に受けとめているようであるが、実は先に進むのが恐いだけの話である。私の二〇代もこの傾向がある。ウルフに言わせれば、おそらく私は深刻ぶって、辛がって、「大人になるという前進をうまくはぐらかそうとしていた」ということになるのだろう。それはウルフに言わせると、決断することや障害に立ち向かうことをうまく逃れるためだ。

確かに私の二〇代は、ここに書いてある就職をはじめ、いろいろなことで考え込むのは、真実を求めているというよりも、決断することや障害に立ち向かうことを逃れるための策略であったのかも知れない。

自分に自信がないと先に進めない。恐いのである。人と付き合うことも、仕事をすることも、結婚することも、先へ進むことが恐い人は自分に自信がない人である。自己不信に悩んでいるのに、それを隠すためにいろいろな立派な理論を持ち出す。

失恋した日に書いた日記

やがて僕は恋をし、それに失敗した。その恋が終った時、僕は反省した。

恋をはじめる前には、ちょうど名誉欲からも権力欲からも少しは脱けだしていた僕だった。およそ人の気持というものが少しずつ気にならなくなりだした僕だった。「見る人の心々にまかせおきて涼しく澄める秋の夜の月」という歌があるが、全くそういった心境だった。しかし、恋をはじめると、その心境も恋に乱れ傷ついた。そしてその恋は失敗した。

その時、ぼくは日記に、次のように書いている。

「僕は恋をする前は人からよく思われようとはしなかった。人からきらわれやしないかということも気にならなかった。ただ自分のやっていることが、嬉しくてたまらなかった。その中でいい知れぬ充実感と生命感を味わっていた。無償のものにしか燃え上がらない情熱を燃えあがらせていた。ワンダーフォーゲル部の活動で沖縄の西表島に行き、その南の海で、太陽を浴びて素裸で泳いでいた。無人島に、生れたままの姿で立って、大声で空に向かって叫んでいた。

ああ、あの日の心安かりしことよ。劣等感も優越感もなかった。あるのは美しき雄大な自然とそれに完全に一致し、その中にとけ込み、その自然の一部となった自分だった。生命と喜びしかなかった。

何もこわくなかった。他人のいかなる行為も、いかなる言葉も自分を傷つけなかった。誰もが一番だった。誰もが一番でなかった。ああ、あの素晴しき日々よ。

そして僕は恋をした。恋は僕の心を全くかえてしまった。ああ、恋とは何とおそろしいものだろうか。僕はその女性に好かれようとした。頭のいい男だと思ってもらおうとした。立派な人だと思ってもらおうとした。僕の心は完全に乱れた。その女性の一言一言に喜び、一言一言に傷ついた。嫉妬した。

大自然の中で思いきり笑い、生命そのものだった自分の心。人間関係、人間社会のすべてから超越していた我が心。人間社会に生じる一切の事件を超越していた我が心。ああ、その心が、恋に乱れ、悩み、嫉妬し、傷つき虚勢をはり、そして敗れ去った。恋をしている時、安らかな日々はなかった。邪念と、苦痛のみがあった」

何物をも求めない自由な心

僕は、何でこんなにまで恋にふりまわされたのか考えてみた。恋を求めていたからだ。女を求めていたからだ。その時そう気がついたのだ。求めて得たからこそ、それを失うまいとしてあがいたのだ。気をつかったのだ。求めて得たものが権力であれ、恋であれ、同じことだ。気をつかうことでは権力も恋も同じことなのだと気がついたのだ。

人間は何物をも求めてはならない。一切合切に対する執着を捨てなければならない。考えてみると、自分は周囲の人間の心に対する執着を捨て切っていたことによって、真の友情を得た。真の友情は友を捨て切ったところに生れる。僕はそう気がついた。真の名誉は、名誉を捨て切ったところに生れるのだ。真の恋も女に対する執着を捨て切ったところに生れるのだ。すべて真なるものは、それに対する執着を捨て切ったところに生れてくる。真の人生は、いわば人生に対する執着を捨て切ったところに生れると思った。人生に対する執着を捨てきった時、その時から本当の人生が始まるのだ。僕はそう思った。富にも動かされず、権力にも恋にも動かされず、完全に自由なる自分、それは一切合切に対する執着を捨て切れた自分なのだ。底抜けに明るくて、人生が輝いてくるのは、その自由なる心をもった時なのだ。自由なる心！　自由なる心のもとにおいて、恋ははじめて真実の恋であり得る。自由なる心のもとにおいてした仕事は、真実の仕事である。自由なる心をもたないかぎり、人生は輝かない。自由なる心は、人生に充実感を与える。

ここで「捨てる」と言っているのは、「執着を捨てる」という意味である。友人を捨てるとは、友人への執着を捨てるということである。友人からよく思ってもらうために、自分でない他の誰かを演じるようなことをしないという意味である。友人の意見に反対なのに、対立することを恐れて賛成するというようなことをしないということである。

人生を捨てるというのも同じ事である。人生への執着を捨てるということである。自分の人生は、「かくかくしかじかでなければならない」というような考え方や、要求を捨てるということである。自分の人生はこうでなければならぬ、というような自分の人生への要求を捨てるということである。

私が訳したバスカリアの本に、次のような話が出ている。母がバスカリアに語った最後の言葉は、きわめて含蓄のある言葉だったという。彼が母のベッドの脇で涙を流していると、母は優しく彼の手をとって言った。

「フェリス、おまえは何にしがみついているの？」。そこで彼は断念した。それは彼と母に決定的な変化をもたらした。私たちは、自分たちを残して去ってしまうなんて罪なことだとさえ考えてしまうものだ、と彼は言う。

失ってしまったものや、失うように運命づけられているものにしがみつかないということである。すでに失っているものにしがみつくことで、自分の人生を多くの人は無意味にしてしまう。自分から去っていってしまった恋人を、失ったと認めることができないで、青春を無駄にする人もいる。喪失を受け入れる、それは人生で大切なことである。

ブラブラしているようで充実している

充実感ということについてたびたび述べた。そして、それは何かに全身全霊を打ち込んでいる時に覚える感情なのだといった。しかしそれは、何も山に登っているとか、仕事をしているとか、勉強しているとかいう時だけのものではない。表面上は、ただブラブラしている時だって充実感を覚える時はある。外見上は何もしないでいることが、全身全霊を打ち込んでいるという時だってある。

たとえば、僕が浪人時代のことである。僕は受験勉強しないで毎日ブラブラしている時があった。その時は、受験制度というものに死物狂いの抵抗をしている時だった。受験勉強が承服できない時、ぼくは勉強しないということに必死だったのである。

その当時は東大に入れるか入れないかということが、自分の生涯を決めてしまうような気がしていた。そんな僕にしてみれば、受験勉強を一切しないことは、生涯をかけて社会に挑戦したつもりだったのである。何もしない僕が、脂汗をたらしながらじっと戦っていたのである。その時、僕は何という充実感を覚えていたことだろう。

命がけで山に登る時も充実感は覚えるだろう。しかし、命がけで何もしなくて充実感を覚えることだってあるのだ。自由なる心のもとにおいてなされる行為は、すべて充実感を与えるのだ。

自分の思想をつかんだ日の喜びの日記

「自由なる心」この考えを掴んだ時、八年に及ぶ、悶々とした心がパッと晴れた気がした。人間はどうすればいいのか、どう行動すればいいのか、人生を幸せに送る為にはどうしたらいいのか、何か心の中でモヤモヤしていて晴れなかったことが、一瞬にしてキーンと晴れ渡った。その時はちょうど、失恋の傷手が心を食いつぶしそうな時だった。この「自由なる心」という考え方をした翌日の日記に書いてある。

「秋の涼しい朝。気持のよい澄んだ空気。半年にわたる恋の、みじめな、いじけた、苦しい毎日が終り、そして今心の安らぎがもどってきた。

昨夜、自分の体内から、苦悩が『自由な心』という考えとなって生れ落ちたような気がしてホッとした。女が子供を生んだ時の気持というのはこんなものなのだろう。

男は思想を生み、女は子供を生む。男にとって、最も大切なのは、思想を生むことだ。男の天職はそれぞれ自分なりの思想を生むことだ。自分の思想を生む。これ以上に大切なことが、一体どこにあろうか。他人の思想は自らの思想を育てる栄養でしかない。大切なのは自分の思想なのだ。自分の思想と信念のないものは、他人の思想に追いまわされ、生涯不安な気持でいなければならない。

俺は昨夜、思想を生んだのだ。他人が認めなくてもいい、笑ってもいい、軽蔑してもいい。俺は自分なりに自分の思想を生んだのだ。

『自由な心』この言葉の中に、俺の青春のすべてが煮込まれているのだ。あの歓喜のすべて、悲しみのすべて、楽しさと苦しさと、明るさと、汗と涙と、俺の青春のすべてが入っているのだ。俺の血のすべて、努力のすべてがこの言葉に入っている。青春八年の命がこの言葉の中には入っているのだ。遂に俺は八年がかりで大事業をなしとげたのだ。考えてみたまえ、俺は男としてもっとも素晴しいことをなしとげたのだ。

今感じることは『生んだ』という感覚なのだ。他人のものを借りてきたという気は全くないのだ。先人、哲人のものを覚えたというようなものではさらさらないのだ。ロマン・ローランに感激したどの時にも、キリストの偉大さにうたれたどの時にも、僕にとってこれ程の達成感をもったことはなかった。

ロマン・ローランは遂にロマン・ローランであった。トルストイは遂にトルストイであった。キリストは遂にキリストであったのだ。結局において、彼等がいかに大思想家であっても、僕を救うことはなかったのだ。

大思想家は強かった。だがソクラテスがあそこまで強かったのは、ソクラテス自身の思想によるのだ。大思想家が強いのは、思想が偉大だからではない。自分の思想をもったからなのだ。キリストによって救われた人間はたくさんいるという。

しかし、それはキリストの考えが自分自身のものになった時なのだ。厳格にいえば、『キリスト教によって救われたのはキリスト一人である』」

ここで「自由な心」といっているのは、「執着から自由な心」「執着から解放された心」「自己中心的な要求をしない心」といったような意味である。自己中心的な要求をして、それが実現されないと言って不平不満でいっぱいな心が「不自由な心」である。この本の初めの方で、自分だけ特別扱いされないと不機嫌になる人を批判している。そのように自分だけ特別扱いされることを要求するような心が、「不自由な心」である。

「自由な心」ということを、この当時大問題のように書いているのは、実はこのときに自分の自己中心性に気が付いたという事なのである。それまでの自分の不平や不満、悩み、それらの原因が自分の自己中心性にあることに気が付いたのである。これは自分が自分の自己中心性に気が付いたときの驚きなのである。自己中心的な感じ方、考え方をしなければ、自分は悩む必要がないのだという驚きである。

人はなかなか自分の自己中心性を認めない。それは自分の中の自己中心性を認めてしまえば、今度は不平や愚痴など文句ばかり言っていないで、自分が変わらなければならないからである。

バスカリアは、私たちの自分の手で自分の落し穴をつくると言う。まさにその通りである。そして自分が自分の落し穴をつくっているということを決して認めない。情緒的に苦しんだり、緊張していたりするときに、そうさせているのは自分自身なのだと彼は言う。そして変われないのは、変わろうとしない自分自身がいるからなのである。

私の所に悩んで相談に来る人は、みな自分の自己中心性を認めようとしない。そして決して自分が変わろうとはしない。その人が変わろうと意志し、そして実際に変わらない限り、悩みを解決する方法はない。その悩める人は、私に会っても決して悩みは解決しない。なぜなら変わるのは私ではなく、その人なのだから。

人間の最も偉大な瞬間

それ以後の日記も、少し感情オーバーではないかと思われるくらいの言葉がならんでいる。しかし、当時は何の無理もなく、これらの言葉を書いたのだ。また、今でも僕には、自分なりの一つの考えをもつこと、俺はこれで人生を生きていくという思想、信念をもつということは、人生において最も大切であり、その思想を体内から生んだ瞬間は、人間の最も偉大な瞬間であると思っている。

自分の思想を持ち得た時は、人間にとって、結婚よりも入学よりも就職よりも、はるかに祝福すべき時なのだ。思想を持ち得て後の入学や就職や結婚は、すべて、その思想の実現のためのものであり、その思想を持つ前の就職や結婚は、いつの日か、その思想を生む為のものである。当時の僕の日記はこれの繰返しである。

「俺の体力に知らず知らずのうちに成熟してきた思想が、電光のようなひらめきによって、言葉となって生れおちた。人の一生にとって、どのような事件がこれ以上に大事件であろうか。

人からの祝いの言葉もなく、なんの外面の変化もなく、平凡な日常の生活の、その静かなる時間において、人の生涯のもっとも祝福すべき事件がおきたのだ。真に祝福されるべきものは、誰にも気づかれず、誰にも祝福されず、当人の心の中だけで起るものだ」

「思わず静かな笑いがでてくる。笑うまいとしてもほほえまずにはいられない日々、喜ぶまいとしても喜ばずにはいられない日々。なんの邪心もない、平和なる喜び、澄みきった喜び、世の中にこれ以上の喜びがあろうか、なんという深い自信に満ちた日々」

ひとりでに笑いがこみあげる時

当時は、大学への浪人時代とちがって、自分で自分の心に一生懸命いいきかせていたのではない。心の中に浮んだものをつれづれなるままに書いていただけのことである。僕自身、自分がどうしてこんなにまで強くなってしまったのかと、驚いていたくらいだった。大学への浪人時代、いわばその思想を胎内にはらみはじめた時、僕は一心に心にいいきかせた。自分の持っているものをあげ、自分の恵まれている点をかぞえて、自分は決して不幸ではない、幸福であると思い込もうと努力していた。しかし、その思想への旅を終えた当時、僕は自分でも不思議なくらい幸せだった。誇りに満ちていた。遂に八年間にわたる難事業をなしとげたという気持と誇りなのである。

当時浪人時代とは逆に、ぼくは自分の不運な点をかぞえてみたり、満たされないことを思おうとしても、どうしてもそれが出来ず、一人笑いがこみあげてきてしまった。どう自分を考えようとしても、ロマン・ローランを読んでいた時の言葉を思いだし、日記に「今、なつかしく、数々の試練と、数々の危険な岸壁を思い出す」と書いてしまう。必死になって大自然に挑戦し、その山を征服してふもとにおりた時、あるいは山頂に達した時の、ホッとした安堵感がきてしまうのである。西表島のジャングルを踏破した時、「とうとうやったな」と思った。その時と同じ安堵感なのである。とうとう俺は人生で一番大切なことをやったなと、わけもなく嬉しいのである。ただただ一人で嬉しいのである。どうしようもなく嬉しいのである。

ジャングルを踏破した時は、歩ききった、横断したということが表面にあらわれた。しかし、その時は外には何の変化もおこっていなかった。一時は、自分はちょっと気がおかしくなったんじゃないかなと、いぶかしがった程である。

思想は生涯をかけて育てるもの

自分の考え、自分なりの思想――思想という言葉がおおげさならば、自分なりの人生信条――をもつということは、これほどまでに素晴しいことなのだ。

しかし、勿論「頭でつくったのではない。考えたのではない、僕の全生命がそこに結集されたのだ」というような思想でなければならない。日記に「我が生涯において忘れることのできない日。我が生涯において記念すべき日。苦悩と喜びの境い目。乱れと安らぎの境い目。二十五歳、遂に我れ、大事業をなせり」というものでなければならない。「今までの事件の一切、物語の一切、青春の一切、それは、この思想を生みだす為のものだった。今までの誇りのすべて、今までの屈辱のすべて、今までの成功のすべて、今までの失敗のすべて、それは、この思想を生みだすためのものだった」と書いているが、そのように感じるものでなければならない。無理に思い込もうとしている段階を通り越して、次にくるものだ。

頭だけで考えてみたり、あるいは反省もなく体験だけに頼るところには、自分の考えは生れてこない。それは全生命の落し子である。目に見えない生命が一つの言葉となって具体的にあらわれたものである。いってみれば、生命そのものなのかも知れない。

「俺の、俺なりの思想は、俺の生命であり、俺の子供でもある。これから生長していくことだろう。そして、いつの日か、どんな風雪にも耐えられるようになるだろう。女が子供を生みっぱなしにすることは許されない。彼女は自分の生んだ子供を育てる必要があるのだ。彼女は自分の生んだ子供を育てる義務があるのだ。それと同じことだ。男は、自分の思想を生みっぱなしにするなら、それは単なる言葉にすぎなくなる。

自分なりの思想というものを生み落せなかった者は、何かモヤモヤとしてハッキリせず、そしてまた苦悩しなければならない。遂に悟ることも、信念に生きることもできない。

自分なりの思想をつかんだ者は、それを生涯かけて育ててゆかねばならない。自分の思想を、自分の実生活に実現していかねばならない。時には、それを貫けず敗けそうになることもあるだろう。しかし、その生涯は、その思想を実現するものでなければならない」

と日記に書いている。

自分で作った宗教の教祖になれ

思想ができてくるまでは、何の為の苦しみだか、何の為の人生だかはわからない。戦うにも武器がない。戦わねば生きていかれないのだが戦っている時の支えがない。何がなんだかわからないまま暗中模索しなければならない。それが青春なのかも知れない。

しかし、いつの日か、戦いのさなかにあって「人生の第一段階はこれで終った。俺は遂に山頂に達したのだ。この山頂に達するまでに通らねばならなかった、はるかなる行程を今、見かえる。オオ、なんとなつかしいことか。俺を喜ばしたすべての者よ。俺を苦しめたすべての者よ。今、僕は君達に感謝する。俺を愛してくれた者よ、俺を裏切った人々よ。今、僕は君達に感謝する」という時がくる。これも日記に書いてある言葉である。そして、それまでの人生とちがって、それからの人生にはすべての意味がある。喜びも、その思想をつらぬき通した故の喜びであり、苦しみも、その思想を守り抜く故の苦しみである。どのような苦しみにあっても、それを耐え抜く支えがある。そして何の為に苦しまねばならないかもわかっている。

自分なりの考えをもった者は、生涯をかけて、その考えを実践する。その戦いの中にあって、彼は、はじめて人類を実感するにちがいない。人類の流れを実感し、自分がその流れの中に投ぜられたことを感じるだろう。

各人は、各人の宗教の教組とならなければならない。キリスト教のキリストにならなければならない。自ら、思想の創始者とならねばならない。その時、人からふりまわされることも、社会に押し流されることもないだろう。人が行く方に自分もついていかねばならないという気持もなくなるだろう。しっかりと大地に足をつけて、自分の生きる路を歩んでいくことができるだろう。自主的に行動ができるだろう。皆が大学にいくから俺も大学にいく、皆が就職するから俺も就職する、皆がデモにいくから、俺もデモにいく、皆が生きているから、俺も生きていくということはなくなるだろう。

自分なりの思想をもつもののみが、自分なりの人生を生きていくことができるのだ。他人と同じように生きなければならないという気持が、その時はじめてぬぐい去られる。それからの人生は厳しいかも知れぬ。しかし、生き甲斐のある人生だろうと僕は思う。

この本全体について言えることであるが、〈信じる〉〈私はこう思う〉ということが多い。そしてそれはその通りであるが、一つだけ危険なことがある。それは、〈私はこう信じる〕という言い方で現実から逃避することが可能だからである。

どうやらこの箇所はそうではないようだが、この本全体としての危険性である。ウルフが言うところの退却ノイローゼというものである。それは現実からのあからさまな退却である。現実の中では傷つきすぎて、生きられない弱虫である。私は退却ノイローゼという言葉は使わなかったが、あるところで解釈で生きてはいけないと書いた記憶がある。おなじことである。

彼らは労働の奇跡より信仰の力を賛美する熱狂者になる、とウルフは言う。自分が傷つかないように現実を解釈して、その上でそれを信じていると主張するのである。そして自分と他人にそれを信じているふりをする。それは一見勇気ある人のように見えるが、現実におびえた臆病者なのである。信念の人のように見えるが、成長しそこなった受身の人である。信じている、信じていると主張するので積極的な人に見えるが、消極的な人である。彼ら自身恐いから信じている、信じていると騒いでいることに気が付いていない。心の底でその考え方に疑惑を抱きながら、信じているふりをする。

この退却ノイローゼで思い出すのは、ダン・カイリーの書いた『ピーターパン症候群』である。ピーターパンとは大人になれない子供たちのことである。その特徴は次のようである。

（1）自分に都合の良い理屈を見つけてくる。もとの言葉はexploitation.

自分を誇張するためにその場その場に応じて価値観を変える。

He will even shift values in order to enhance himself.

したがって彼らの話を聞いていると、言っていることが矛盾しているのに気がつく。言っていることを信じているわけではなく、自分をすばらしく見せるということが主張の目的である。彼らは自分をすばらしく見せるためにその場その場で主張を変え、しかも時には矛盾していないように取り繕うから、言うことがややこしくなる。

（2）Rage. 怒り。

現実をいやおうなく突きつけてくる人には誰にでも怒り、その人を脅す。自信がないから時に発作的に怒り出す。現実を突き付けてくる人を脅すのは、その現実を突き付けてくる人が脅威だからである。

（3）Blamelessness. 自分の非を認めない。

退却ノイローゼの患者にとっては、信念というのは都合のいい避難所である。そこに逃げて行けば傷つかないですむ。しかし、そこでは生きるということとは全く関係のない生活が営まれるだけである。

哲学や信仰は大切なものであるが、同時に現実逃避の手段にもなるという危険性を伴っている。哲学や信仰をそのように使うと結果として、一生を自信を持たずに生きていくことになる。

さらに悪いことにそのように自分を偽ると、他人に心を許さないようになる。

思想は波瀾の青春から生れる

では、自分なりの思想、俺は人生をこれで生きていくという信念はどうして生れてくるのだろう。一口にしていえば、それは波瀾万丈の青春から生れてくるといったらいいと思う。

波瀾万丈といっても、それは、その時代、時代においての波瀾である。革命の時代に生れた青年においては、激動はむしろあたりまえなのである。革命の時代に生れた青年で激流に流され、戦うことのない青年というのはいない筈だ。平和な時代に生まれた青年は、たとえ波瀾に富んだ青春といっても、それは革命の時代の青春にはおよばないだろう。しかし、平和な時代には平和な時代の波瀾に富んだ青春というのがある。内面的生活から見れば、それなりの勇気がいる。

単純な例をあげればこういうことだ。革命の時代に大学へ行かないことは別にどうということはない。しかし平和な時代に行くゆとりがあるのに行かないということは大変な勇気がいることだし、その人の内面生活からみれば猛烈な波瀾である。今いいたいのは、大学にいくのがいいとか悪いとかいうことではない。僕はいくゆとりがあったらいったほうがいいと今は考えている。しかし、もしある男が、いかないほうがいいと思った時である。その時、それを実行したら、やはり、その青年の青春は波瀾にとんでいたというべきだろう。

革命の時代には社会に確立した軌道というものがない。平和な時代には確立している軌道というものがある。革命の時代には何かがゆれ動いても基礎がないから振幅は考えられない。平和な時代には、基線があるから動けば振幅があるのだ。だから平和な時代に軌道を少しでもはずれることは勇気がいる。

平和な時代にも、平和な時代なりに波瀾万丈の青春というものがあると思う。自ら立案計画し、それを実行して失敗したり成功したりの青春は、社会がその軌道の上に設けている入学試験のようなものに失敗したり成功したりするのとはちがって、やはりかなり波瀾に富んでいるというべきだろう。平和な時代にも、自ら、何かをもくろんだり、挑戦したりということはあるのだ。

自分で考え、自分でやる。これこそが大切なことなのだ。社会が与えたものを、社会が教えてくれた方法でやっているのでは、一体そこに何か自分なりの独特のものが生れてくることがあると思うか。小学校の一年の時から、先生のいわれた通りのことを、いわれた通りにやっていて、それだけで、自分の何かが生れてくるか。自分で考え、自分でやり、自分で悩む。それなくして自分のものなど生れてくる筈がない。

現代教育残酷物語

それなのに今の教育はどうであろうか。新聞には、次のような手記がのる。

「本を読め読めとみんないう。だがいつ読むんや。学校から帰ると宿題がぎっしり。すめば大いそぎでそろばん学校へ走る。それからごはん。ぼくかて、たまには遊びたい」

「きょうもテストがあった。あすもきっとある。まるでテストにはさまれたサンドイッチだ。それに頭の中は算数、国語、社会、理科のテスト、テストで交通ラッシュだ。青い信号の百点。だいだい色の八十点。ちらちらと赤信号がともりそうだ」

「もし、ぼくがふたごだったら、宿題や手つだいはもうひとりのぼくにさせて、ぼくはゆっくり遊ぶ。そうなったらええなあ」

「日曜日も月曜日も勉強だらけだ。もう死にそうだ。もしぼくがお金をたくさんもっていたら、ゆうえんちで28さいまで遊ぶ。39さいまで本を読む。41さいまでもけいをつくる。58さいでボーリングをやる。69さいで死ぬ。天国で遊ぶ。もう自由だらけだ」これは、みんなある新聞にのっていた小学生の作文だ。いや小学校ばかりではない。幼稚園からだ。

次にある新聞記事の要旨を紹介してみる。

「『この子、どうなんでしょうか、○○校にはいれるでしょうか』と清君のおかあさんは一時間の個人指導の終ったあと、テスト教室のA所長と話し出した。清君はおかあさんと所長の間にすわって不きげんな表情。『まだ二ヶ月目です。あせってはいけません』と所長はテスターのもってきた清君のカルテを見ながら続けた。……だが、おとなの話のわからない清君は、さっきから『ママ帰ろう』と不きげんな声で、母のソデをひっぱる。

長々とつづいた話がすんで『さあ、清ちゃん、おうちへ帰ってお勉強しましょう』とすっかりごきげんのおかあさんが立ち上がった時、泣きベソ寸前でこらえていた清君はママの胸に顔を埋めついにしゃくりあげた。口を開けば『さあ、お勉強、お勉強』というママに、泣き声で清君は繰返した。『ボク、ダイガクへ行かない。ボク、ダイガクへなんか行かないよう』」

何でも暗記していながら何も知らない学生

さて、そのテストっ子に創造性のテストをしてみたら、その成績はわるいという。社会常識の規格にあわせた規格品ができ上がってきているのだ。そして、テストっ子でないほうが独創的で独自の考えをもっているという。

その調子で大学までくる。新聞社の入社試験の時、試験官は現代学生の思考の画一化に驚くという。あまりに類型的な作文が多いという。思考の類型化はいわゆる秀才型の学生に目だっており、記憶一辺倒の受験技術にたけた秀才の悲劇を見る思いがするという。彼等は現代の教育制度のもとにおいて、いけにえにされた人々なのだ。

教育とは社会的な人間をつくるということであり、幸福とは自分なりに生きていく人間になるということだ。

現代の教育は、おそろしいほど能弁な人間をつくった。彼等は実に立派なことをいう。しかし実行はしない。とろけるような愛を語る。そして裏切る。社会思想にも哲学にもくわしい。ルソーもカントもベルグソンもマルクスも知っている。近代思潮の試験にも、ギリシャ、ローマ思潮の試験にもいい点をとる。大思想家の思想には詳しい。しかし、自分の思想はない。

どんなに貧しくても、八方破れでもいい、自分の考えがあればいい。

現代教育のいけにえ達は大思想家の言い残したことは暗記している。それを批判した人のいったことも暗記している。しかしそれだけだ。マルクスを読み、資本主義社会のエリートになることはできる。だがそれだけだ。マルクスとはくらべることのできない貧困な考えでも、自分の考えをもっているものは、マルクスを暗記している人より強いのだが。

浪人をして良かったと思う

大学の卒論で金融資本を非難しながら、平気で銀行に就職していくのがいわゆる優秀な学生である。こういう人間は、いつの日か自分の考えをつかむまでは、銀行の中でアクセクアクセクしながら生活していくだろう。あるいは、アクセクしたまんま死んでいってしまうかも知れない。

小田実氏が、日本人には「生活の場」と「思想の場」が分離していると言っているが、この「思想の場」なる思想は、自分のものでないのである。ハッキリいえば「思想の場」などはないのだ。「生活の場」と「試験の場」しかないのだ。「思想の場」は、単なる「暗記の場」にすぎないのだ。

そうでなければ、卒論で銀行をサンザンやっつけて、何の抵抗もなく、くつわをならべて銀行に就職できると思うか。少しの悩みもなく、逆に大銀行に入れたことを得意でいられると思うか。共産党顔まけの「進歩的」意見を吐き、全員で学校のストライキを決議し、デモに行き、国会に乱入し、今度は平気で資本主義の手先になれると思うか。

安保改正の大騒動の当時、彼等が吐いた意見は決して自分の意見ではない！　人の意見だ！　勿論、僕も、あの当時は自分なりの考えなどはできていないで、人の意見を借りてきていた。しかし、彼等は、僕よりもひどい。あまりにもひどい。

安保改正の大騒動の当時のある日、クラスでストライキに反対したのは僕一人だった。皆は僕を右翼とののしった。いや、僕のことなどもはや問題にもしなかった。それがたしか、大学二年の時だったかと記憶する。そして、一年たって大学三年の末、僕がデモにいった時、僕をかつて右翼とののしったクラスの人は、一人も見えなかった。

何のために勉強するのか

民主主義とは教科書に書いてあるもの？

僕がある試験の前に「民主主義について述べよ、なんていう大きな問題がでてくれないかなあ」といった時、そこにいた才女が答えた。「あ、書いてあったわよ」彼女はそういって憲法の教科書をあけて、赤線を引いた部分を見せてくれた。僕は驚いた。彼女にとっては、民主主義とは教科書に書いてある一節にすぎなかったのである。しかもその人は、あらゆる学校のあらゆる科目で、優秀な成績をおさめてきた女性だったのである。こういう人は、「人間とは何か」と聞いても、「あ、教科書に書いてあったわよ」と答えるだろう。恐るべきことだ。

ここで、学問が人間形成の為でなく、出世の手段になったという、一般にいわれていることを同じように歎こうというのではない。世の中には無駄に時間を使っている人が多いものだと主張しているのだ。

経済を知らぬ会社員　憲法を知らぬ役人

東京・丸の内の大企業につとめている人は、大変なエリート意識をもっているという。

しかし彼等は大学の経済学の授業で次のようにならっているはずだ。「企業の行動動機は利潤追求である」と。彼等ははっきりいえば金儲けの手先に使われているにすぎない。金儲けの手先が得々としているのだからおかしな話だ。

もちろん、彼等が、その自分の仕事に充実感を覚え、一日一日と自己を実現していたり、あるいは自分は社会を豊かにしているという誇りをもっていれば別である。しかし、これらのことは何も、大企業につとめていることと直接の関係はない。

日本国憲法を学ぶならば、国民はすべて幸福追求の権利をもっているということが書いてある。そしてこの憲法の試験を優秀な成績で通った人しか役人になれない。その役人が平気で、国民の幸福追求の権利をおかしているのが現状である。

血肉とならない学問

いってみれば、彼等の小学校以来の勉強は、なにひとつとして彼等の血となり肉とはならなかったのだ。彼等は、大切な青春を全く無為にすごしたのだということができる。学問が実生活と全く分離してしまったのだ。

社会科学や人文科学の本の中には、味わっても味わっても味わい切れないほどの多くの真理が語られている。人類の長い歴史の血がそこには流れている。その血を、その真理を感じとった時、人間は深い喜びを味わうことができる。この喜びを味わうことなく死んでいく人間はやはり不幸である。

真実の愛を知らずに死ぬものが不幸であるように、真の学問を知らずに死ぬものも不幸である。人間の心の幸せを知らずに死んでいくのであるから、哀れである。それなのに、現代のエリート達のなかには、愛も学問も知らずに生きている人もいる。彼等がそれで自分は満足だといえばそれでもいい。「あなたは自分の本当の不幸に気がついていない」というような言い方には論議の余地がないのだから。しかし、彼等が生命の源から湧き上がるような喜びを知らないことだけは確かである。

そして、もし、そうした喜びを味わいたいのなら、今のような学問の仕方をあらためるより方法がない。浅薄な喜びで満足なら、浅薄に学問するのでいい。神は本格的なことをやる人間には本格的な喜びを与える。一時のがれのまにあわせをやる人間には、一時のがれのまにあわせの喜びしか与えない。

人間は退化しつづけると考えた僕

僕は、ごまかしの勉強をしていた高校時代に、何で人間は勉強するのか、とずいぶん悩んだものだ。自分は中学校の頃は幸せだったのに、高校教育を受けて不幸になったと思って、何の為に勉強しているのかわからなくなったのだ。「人間は努力するかぎり迷うものだ」というような高級な迷いではないが、当時の日記には次のような友人への手紙がある。

「進歩とは、どんなことであるか、君は考えたことがあるか。

人間は進歩したとか、発展したとか世間の人はいう。文明がすすみ、人間が進歩していくのが歴史であると言う。歴史家は、一体何に対して人間が進んだというのだ。進むということが、相対的であるという、この単純な理屈をどうしてわからないのか。

お前は、今、人間が進歩していると思っているか？　教育が人間を上等にしていくのだと思っていやしないか？　しかし、上等とか下等とかいうことは、いったい何を基準にしていっているのだ。

大昔の人間より今の人間の方がすぐれていると思っていやしないか。地方の人間より都会の人間の方がすぐれていると考えていやしないか。上級階級によって、たえず搾取されている下層階級の人の中で、その不平等に気づいている人間の方が、気づいていない人間より意識が高くて高級だと思っていやしないか。昔の労働者より、組合をつくって団結している今の労働者の方が進歩的であると考えてはいないか。

もし、そうなら、君にきく。君はなにを基準にして、前者より後者をすぐれていると判断しているのだ。

今、俺は、この逆だと考えている。その基準は人間の幸福ということだ。俺が幸福といっているのは、安らかになる心ということだ。

教育されていない人間の方が、教育されている人間より、はるかに幸福であると考える。僕個人をとってみても、無教育だった中学生の頃の方が、今よりずっと心安らかだったような気がする。ターザンごっこをして終日遊びほうけていたあの頃からくらべて、高等教育というものを受け出した現在、自分は、いろいろなものによって傷つき、悩まされ、痛めつけられている。自分自身の満たされない欲望やいろいろのことで悩んだりしている。

社会の不正に気づいて煩もんしている人間より、その不正に気づかないでいる人間の方が幸福である。それは僕自身の経験から明らかである。僕は、この社会に、どれほどのいきどおりを感じて、苦しんでいることか。

『運命がいかに悲惨であろうとも、俺は、それを喜んで受け入れる。俺は悲劇の極において喜びにつらなった』といっているニーチェより、悲惨なる運命に気づかずに生活している人間の方が、どれほどおだやかだろう。

東大に入れなかったといって、歎いて自殺する人間と、無名の大学にでも入れて涙して喜ぶ人間とくらべて、おそらく世の人は、前者の人間の方がレベルが高いというだろう。こんなのは全くウソだ。俺は、教育によって、人間は次第に退化していくと思う。

ルソーは、どんなつもりで『文明は自然状態よりの堕落である』といったのか知らないが、俺は、文明、文化、教育、これらはすべて人間退化の源泉であると思う。人間の情操の教育とか、教養というものを、『ああ、もう止めてくれ』といいたくなる。『国民を教育して立派な民主主義社会をつくる』ああ、もうたくさんだ。

『知性は生きることの絶壁を照らす』とロマン・ローランがいっている。それなのに、なぜ人間は知性を伸ばそうとするのか。いやだ、いやだという人間を無理にひっぱっていって生きることの難しさを示して、幸福な人間を苦しめようとするのが教育だ。

知性をのばすことによって、人間の歴史の結末に、何か偉大なものがあるというなら、いかに、生きる苦悩を味わわせてもいい。しかし、何等の目的なしに、人間を苦しめようとしているのだ。太宰治は『生きることは、息づまる大業である』といって、遂に自殺するまで知性を伸ばした。トルストイは、なぜあのような死に方をしなければならなかったか。

俺は、無教養なる人間の顔にやどる、あの平安のしるしを、どうしてもインテリの中に見ることができない。

再びいう。知性を発達させていき、その極地において、なにかの意味があるのなら、それでいいが、『なぜ人間は生きなければならないか』と煩悶しなくてもすむ人間を、どうして煩悶するように教育してしまうのだろう。

人間は数学を知らなくても、歴史を知らなくてもいい。外国とのいききなどしなくてもいい、なんにもなくていい。科学など必要はない。知るべきことは、『みんな仲よくしよう』ということだけなのだ。

しかし、このことは学校教育からでなく教わっている。僕は小学校三年生の遠足にいった時だ。電車の中で、ガキ大将が座ろうとした時、『みんな、同じように、すわりてぇんだぞ』といった仲間がいた。彼は貧しくて、遂に小学校も卒業できなかった。最近、なにかにつけて、その男のことが思い出されて仕方がない。平等ということを全く解らないようにさせられてしまった、高等教育を受けた上流社会の人間より、なんと平等感を身につけていることだろう。

人間の志などというのは『社会の為につくす』という美名の下に、ただ虚栄心を満足させようというものにすぎない。そして、他人の犠牲の上に、自らの幸福をきずきあげようとするのが、青雲の志とよばれているものの正体なのである。

自分の汚れなき幼年時代と、大人になった時とくらべる時、人間は原始の時代より退化しつづけ、遂に救われがたき現在にいたったことに気づくだろう。

科学の発達という腐敗退化は、ついに水爆を生んだ。これで人間が退化の頂点に達したように思われる。やがて人類は、これによってほろびるだろう。そしてまた、ふたたび、この地上に、やすらかな生命が生れるような気がする。」

実は、これは、親友のT・S君に手紙で出すつもりでいたものが、あまりにもおかしな結論に至ったので、出さずに、日記に書いたように記憶している。

苦悩のはてに歓喜がある

この当時は、学問の喜びなどは知らなかったのだ。本当の安らかさは、当時の不安をのり越えたところにあるのであって、決して、中学時代などにあるのではないことを知らないのだ。

知性を伸ばすことが不幸の原因ではなく、より知性を伸ばさなかったところに不幸の原因があるということもわからなかったのだ。

知性は生きることの絶壁を確かに示す。しかし、それを乗りきったところに、さらに大きな人生の歓喜がある。いいかげんな知性、いいかげんな学問、そんなことばかりで生活をしていると、僕の高校時代のような、迷いにおちいる。

知性を発達させていって、そこに何の意味があるか？　知性を発達させれば、発達させるほど、幸福になる。途中に壁があるだけだ、谷があるだけだ。

ごまかしの勉強しかしていない人と話をすると、何か、しっくりとこない。ピンとくるものがない。何をしゃべっても誰か他人の思想の説明をしてもらっているみたいで仕方ない。話し合いにならないのだ。むきあって話しているのに、教壇の上で先生が話しているのを聞いているみたいな感じがするのである。血となり肉となっていない人が思想らしきものをいうのだから、どうしても、その人のいう一言一言が生きてこない。言葉が生き生きとしていないのだ。そして、そんな人から手紙をもらうと、これまた、何か教科書でも読んでいるような気持になってしまう。

正常な感情を失った人々

身にならない勉強は、やればやるだけかたよった考え方をつくってしまうだけである。考え方がかたよるだけならまだいいが、その人の興味の持ち方から、感情までかたよってしまう。若者らしい喜びなどは感じなくなってしまう。正常な若者なら、目を輝かせる出来事に、顔をしかめてしまう。

もちろん、どっちが正常かということには議論があろうし、人それぞれ興味の対象もちがうし、喜びを感じるもののもちがうだろう。だが、ガリ勉をやってきた人達は、どうしてもおかしいと思われる時がある。

たとえば、小学校からずっと受験勉強をしてきた人は『山にいく人や、旅行にいく人の気持がわからない。苦労してあんな旅行をするくらいなら、家にいたほうがい』という。旅行するならデラックスでなければ行きたくないというのだ。

考えてみると、これは恐ろしいことなのだ。若くして、もはや、全く若さを失った人なのだ。これが老人の言葉でなくて、何であろう。

旅行にいく時、新宿の地下道に坐ってトランプでもしながら列車を待っている。それは苦痛ではないのだ。皆とワイワイやっているのが楽しいのだ。列車に乗れば座席の下でねる。それが楽しいのだ。寝台車でなくても楽しいのだ。海辺にいってテントをはる。昼間泳げというのは老人の考えだ。夜に海で泳ぐのも楽しいのだ。ねむけりゃねろというのも老人の考えだ。ねむくても目をこすって朝焼けの海にはいっていくのだ。月を眺めて、浜でバーベキューでもやる。皆で馬鹿をいって笑っている。青春時代の遊びなどというのはもともと理屈に合わないものなのだ。

山に登って喜んでいる人もいれば、海に潜って喜んでいる人もいる。冬の海にただ潜って喜んでいる。魚をとるなら老人も納得するだろう。しかし、魚をとらずにただもぐるところがいいのだ。嵐の中を山に登っていく、家にいればいいと思うが、嵐の中で皆でキャアキャアやるのがたまらないのだ。そんな馬鹿げたことの中で、「ああ、もう人生はたまらない。青春万歳！　人間はどうしてこんなに喜べるのだ」という気になるのだ。

ところがガリ勉ばかりしてくると、どうやら、この馬鹿げたことが馬鹿げたこととしてだけ映ってしまうらしい。青春のはちきれる歓喜は、どう考えても、馬鹿げていると思われることの中にあるような気がするのに。そして、それが説明のつかない若さなのに。

身につかない勉強、血と肉にならない勉強ばかりしていると、ケチな理屈は解っても、この若さが失われてしまう。出世ができても、人生が失われてしまう。青春が失われてしまう。それこそ何の為に勉強したかがわからない。

大都会の真中で、裸に俵をまきつけて踊りまわって喜んだことがあった。どう考えても馬鹿げている。しかし若さとはそういうものだ。そして、皆その時代を通りすぎていくだろう。しかし、そうした馬鹿げた時代のないことはやはり人生の生き方がまちがっている。

人から
信頼されたかったら

生命を預けるほど信頼された男

誰でも、人から信頼されたいことだろう。そして人から信じてもらえれば、誰でもうれしいだろう。しかし現実には、誰でもが人から信頼されるわけではない。人と人とが皆信頼しあえるならば、世の中のいざこざはたちどころに消えることだろう。米ソの冷戦からはじまって、世の各種の裁判事件にいたるまで、様々の事件は簡単に解決されるにちがいない。現実にこうした事件が解決されないというばかりでなく、むしろ不信感は増大している。もっとも、これから述べようと思うことは、米ソの冷戦でもない。われわれが日常の生活の中で接する信頼関係のことである。

人から信頼されることを要求するのに、先ず自分が信頼されるに足るだけの人間になろうと努力しなければならないのはいうまでもないことだ。しかし、このことをしみじみと感じた体験というものはやはり忘れられない。

僕は大学時代にワンダーフォーゲル部に入っていた。おかげで、汗と土にまみれたザックをかついでは、友と野を山を谷をさまよい歩いたものだ。晴れた時、嵐の時、炎天下を、雪の上を、くる日もくる日も泥だらけになって歩いたものだ。

それは北海道も山奥での話である。僕等が例によって原始林に踏み入った時、その原始林は熊の楽園といわれるほど熊の多いところだった。当然熊に会うことは予想され、現実に熊に出会った。その時、そこにいた一七人は、じっと黙って、隊長の命令通りにしばらく動かず、やがて隊長の命令通りに逃げた。誰も、隊長のいわれた通りの行動をしなかった者はいない。生と死の危険にさらされても全員隊長の命令に従った。自分一人で隊長の命令にそむいても、その後決して処罰されるわけでもなく、職を首切られるわけでもなんでもない。単なる大学の部活動として行っていた行動中なのだから、軍隊とはちがう。それなのに皆が隊長の命令通りに動いたのは、時の隊長は信頼するにたるだけの隊長だったからだ。ただそれだけのことなのだ。後に隊員は、「たとえ熊に出会っても上からいわれた通りにしようと思っていた」といっていた。

信頼は相互交通

われわれは一足飛びにここまで信頼される人間にはなれないし、また日常生活の下ではこうした危機的状況にさらされることも滅多にない。いってみれば、これは極端な例である。しかし、この中に信頼される、信頼するための条件を見ることができるような気がするのだ。

他人に信頼されるためにはやはり先ず他人を信頼しなければならない。信頼というのは一方通行ではないのだ。相互交通なのだ。自分が信頼していない人間から信頼されることは決してない。自分の方で相手を信頼していないのに相手から信頼されたいと思うのは虫がよすぎる。たとえ相手から信用されていても、もしこっちで相手を信用しなくなれば、相手はたちまちこっちを信用しなくなる。前の例でも、隊長は隊員たちのことを本当に心配して気を配っていたのだ。隊長のそばにいてそのことをよく知っていた僕は、後に隊員の言葉を聞いてなるほどと思ったのである。

山の仲間に芽ばえた信頼

僕のいたワンダーフォーゲル部には、一年に一回発行する『山路』という部誌がある。その部誌に、卒部していく部員が遺言というのを書く。それを今、パラパラとめくって見ると、

「部生活を通じて得た個性豊かな人格者ぞろいの先輩は何にも代え難く、命ある限り、誠心誠意絶対の信頼をもってつき合っていかれるものと信じて疑わない」

「僕の部生活が至極楽しいものであったのは良い仲間によるところが大きい。何かの事情で幾日か部の仲間の連中に会えないことがあるとたまらなく寂しくなってしまう」

「俺はこれから死ぬまで、たとえ嫌われても、こっちじゃー親友のつもりでつき合いたいと思う」

　こうした言葉が、次から次へとならんでいる。

「部にうちこめばうちこむ程、部が好きになった」

皆がとることよりも与えることに喜びを感じていた。相手が信頼できるといってそのことによって、青春を謳歌した。そして皆が、与えることをしていながら、次のように書いている。

「教えられるばかりで教えることは何もできなかった」

「本当に皆にお世話になった」

皆、信頼されることを要求しなかった。そして相手を信頼していた。であればこそ、

「我が部の良さは、大勢の人間が各人各様の考えをもちつつも、一つの活動に打ち込み、さまざまの個性のさまざまの分野の人間と親しく語り合えることである。その大勢の人間の心が描く同心円が内へ内へと問い……」

となるのである。我が部には女性もいた。しかし、彼女らも才女ぶったところはなかった。

「出発点は殆んど同じだった筈の、一緒に入部した友達も、卒業する時にはみなそれぞれ語るべき何かをもち、にじみ出す風格を身につけていることに感歎の目をはらざるを得ず……」

だから皆が、「楽しい思い出としてこの四年間が心に残るだけで私は満足してしまいそうだ」といい残して部を去っていったのだ。

互いに信頼し合い、ひとつにとけ合った時には、至上の幸福を感じる。「ああ俺は人生にもう何もいうことがない。俺はこれで満足だ。あとはせいぜい人のために働こう」と思うだけである。

「俺には仲間を抜きにして山は考えられない。仲間と縦列をなして、急峻な山を喘ぎながら登り、時にはひとつのミカンの皮までを同じに分けて皆でくう。そしてキャンプ・ファイヤーを囲んで裸で踊り廻り、肩を組んでドラ声をはり上げて歌う時、俺は青春を感じる。生命感に満ち満ちる。その瞬間が一番幸せだと思う。いつまでも終らないでくれればよいと考える。同じことに悩み、同じことに喜ぶ仲間達と一緒に、各人の全生命をなにかにぶっつけている時、それを求めて俺は山にいくのではないかと思う」

裏切りの苦痛と信頼の喜び

もちろん、互いに信頼するのに山でなければならないということもないし、長い共同生活をしなければならないこともない。

僕は今、ある大学と高校で生徒を教えているが、生徒が可愛くて可愛くてたまらない。そんなに可愛くてたまらない生徒から信頼される時、笑って冗談をいいながらも、思わず涙をこらえる時がある。彼らと一緒に騒いでいる時、やはり僕は幸せである。可愛いといったら生徒から文句がでるかも知れないが、僕の心の中に「可愛いなあ」という気持がある。しかしそれが消えたなら、彼らは決して僕を信用することはないだろう。

人間は敏感である。実に敏感である。彼らは、おそらく、自分が僕に好かれているということを知っているのだろう。もし僕が、いやな人だとちょっとでも思ったら、たちまち彼らの態度はかわるだろう。こっちで、いやな人だと思っているのに相手が信頼してくるなどということはまずないのである。

もちろん、信用される前に信用しろ、信頼される前に信頼しろといっても、それをすべての場合にあてはめろというのではない。世の中には悪い人だっているのだから。

また、信用して裏切られることだってある。しかし、裏切られることをおそれて人を信頼しないような人生には、喜びも悲しみもなく、青春の血が沸くこともない。いってみれば信頼の喜びは、裏切りの苦痛とその危険性なしに味わうことはできない。青春とは、そうした喜びと悲しみの交錯する中にあるのだ。悲しみをさけ、喜びも味わわず、何も思いきったことをしない生活、これは青春ではない。どんなに年が二十代でも十代でも、それは青春ではない。若さとは、青春とは年齢であるよりも、むしろ気持だ。

死を迎え初めて人間を信じた人

ある人は、「世の中はそんなに信用できない。人間なんて信用できない」というだろう。しかし、こんなこともあるのだ。

僕の叔父で、かつて大会社のワンマン社長をしていた人がいる。社長をしている時は実に多くの人が自分のいうなりに動いた。みな叔父の前で尊敬の念をあらわした。しかし叔父は人間を信用していなかった。不平をいっていた。

ところが、その叔父はあることを機に事業に失敗し、社長の地位を追われた。その後の世間の叔父に対する態度はひどいものだった。権力の座をはなれると、世間はその人にこうも態度を変えることができるものかと思うほどだった。そして、そうした中で叔父は、死を迎えようとしていた。数日後に死をひかえた時、叔父はこういった。

「こんなに親切にしてもらって、僕は人間を信じることができるようになった。神を信じることができるようになった。神を信じて死んでいかれる僕は幸せだ」

これであきらかなように人を信用するか、信頼するか、それはこちら側の気持なのだ。

人を信じない可哀そうな男

僕はある時、ある仕事の関係で、Kという男にあった。その時、僕は一応相手を、まともな人間として話をしはじめたが、Kは、未知の人間は信用できないという前提のもとに話しはじめた。僕は途中でそれに気がついた。その話は、互いの利益になるものだったが、僕はもう話をする気もなくなって、止めてしまった。僕はその時、自分を信用しない相手に腹をたてるよりKが可哀そうになってしまった。

その話を、中小企業を営んでいるある人に話したら、「Kは仕事師だけど、あんたは仕事師ではない」といわれた。「仕事師は、親も兄弟も、友も、恋人も信用してはいけないのだ。初めて会った人間は、全部詐欺師と思わなければいけないのだ」といわれた。しかし、僕は、Kという男は絶対に、本当の仕事のできる男ではないと思っている。Kが大好きな仕事をできるような世の中は改革しなければならない。もし改革できないなら、そんな世の中に生きる未練はない。

世の中には、決して誰も信用しないと決めている男がいる。もちろん、Kと話した僕が信用され得る人間かどうかは別として、Kは、おそらく、誰も人間を信用していないのだ。Kのまわりの人間関係は金だけである。ソロバンだけである。僕は、今でも、Kの顔を想い出す。本当に気の毒な人だと思っている。Kは、金で人間関係を処理している。Kは誰も信用しないかわりに、誰からも信用されない。その後わかったのだが、Kという男は、きわめて悪らつな男だった。

まず相手を信じることだ

こちら側に敵意があれば、相手がどういう出方をしてくれても、相手を信用したり信頼したりすることはできない。信用したり信頼されたりするには、何よりも自分の気持が大切である。

源頼朝は、遂に誰をも信用できずに死んでいったあわれな男である。ムッソリーニは、遂に誰をも信頼できずにこの世を去った可哀そうな男である。源頼朝やムッソリーニは、周囲の誰からも信用も信頼もされていなかっと僕は思う。

自分の側にある敵意は、相手の敵意を呼び起す。これも相互交通の原理なのだ。はっきりとそれがわかるのは国際社会である。相手は敗けまいとして一定の国と同盟を結んで強くなるとする。しかし、相手はただちに他のより多くの一定の国と同盟を結ぶ。するとまたこっちも同盟を結ぶ、バランス・オブ・パワーは決して平和をもたらさない。国際社会の原理も人間関係の原理も同じなのだ。

第一次世界戦争でフランスはドイツに勝った。徹底的に勝った。そしてきわめて苛酷な講和条約で相手を再起不能にしようとした。その望みはある程度達した。それでもフランスの不安は消えなかった。相手をどこまでやっつけてもやはり不安だった。そして、ドイツは復興してしまった。フランスは再び戦わねばならなかった。

人間関係でも同じことだ。安らかに生きようとしたら、自分が周囲に敵意をもたないことだ。自分が先に相手を信頼することだ。やがて必ず人から信頼される。自分が一〇人の人間を信頼すれば、二人や三人からは裏切られるかも知れない。しかし一〇人全部から裏切られることは絶対にない。必ず半分以上の人から信頼される。もし一〇人の人間を疑えば、一〇人全部が自分を信頼してくれないだろう。信頼されるには、まず自分が先に相手を信頼する以外に方法がない。

自己表示の自発性に必要なもの。信頼感。安心感。自分をさらけ出しても安心だという感じ方。

Both a sence of trust and willingness to disclose require a foundation of safety.

我々が余りにも巧みに、他人から自分を隠しおおせるとき、真の自己との接触を失いがちである。

When we succeed too well in hiding our being from others, we tend to lose touch with our real selves.

汝自身を人に示せ、そうすれば汝自身を知ることになるだろうと、この本に書かれているが、まさにその通りである。

我々が仮面を着けるもっとも深刻な理由は、拒否されることを恐れるからである。そして拒否されることを恐れている者は他人と一緒にいても居心地が悪い。

マックギニス。FRIENDSHIP FACTOR.

ダンスでも断わられることを恐れて誘えない。選択するものは苦労する。しかし選択を通してのみ、自分自身を明確にできる。

It is only through our choices that we define ourselves.

possible rejection. を恐れる。親しくなっていく過程で起きる。何もしないことで解決する。離れていることで安全を選ぶ。

They choose the security of isolation over the risk of being rejected.

拒否されるより一人でいる。This protective isolation.

This isolation reinforces the person's self-image as shy.

被害妄想という言葉は、よく聞く言葉である。また嫉妬妄想というのもある。恋人が浮気をしているに違いないという妄想である。また好訴妄想などというのもある。小さな不利益で、自分の権利が害されているとして、執拗に裁判に訴える人である。そのような妄想が主体となっている人格をパラノイアという。

ウェインバーグは他人の誠実さや分別に喜んで賭けることが、このパラノイアを防ぐという。そして用心し過ぎると、このパラノイアへと自分を準備してしまうという。私たちは自分をさらけ出して、自分が軽蔑されることを恐れる。また、いま自分が得ている相手からの好意を失うことを恐れる。

自分をさらけ出したとき、このようなおそるべき結果になることを恐れるから、自分をさらけ出さないのである。我々はおそるべき結果から自分を守ろうとするから、自分をさらけ出さない。

しかしこのように自分をさらけ出さないことで、相手の自分に対する本当の感情を摑めなくなるとウェインバーグは言う。自分が自分の弱点と思っているものがある。それを相手に隠す。しかしもしかすると、その弱点に相手は無関心かも知れないというのである。そこでウェインバーグは、あるイタリア人の女性の例を出している。

彼女はアメリカの旧家の若者と恋に落ちた。その女性は、突然自分の両親がイタリア人であることが恥ずかしくなった。そしてもし彼が、自分の両親がイタリア人であることを知ったら自分を許嫁として適さないだろうと思うことを恐れて、恋人にその事実を隠した。

そして意識的に家族の話題を避けるようになった。そしてそのように家族の話題を避けることで彼女は、恋人が彼女の両親がアメリカ生まれでないということで、結婚に不利な判断をするであろうと確信するようになる。

そして彼女の恋は強まり、彼女はその恋に自分の生存がかかわるほどの重要性を与えてしまった。彼女は今までの女友達ともあまり会わなくなった。彼以外の人間関係が希薄になるに従い、彼との関係はますます重要になっていった。

彼女はいよいよ自分がイタリア人であることに不安を感じるようになった。その不安は彼が彼女にプロポーズをし、彼女がそれを受け入れたときに最高のものとなった。

それから数週間後、彼と彼の友人と彼女は食事をした。その時に彼の友人がイタリア人について侮蔑的な発言をした。それから友人が帰って、彼女は突然彼と彼の友人はあの会話で自分を試したのだろうと思いついた。自分が告白するかどうかを試したと思った。

それから色々のことがあり、彼女は彼に批判的になり、婚約が破棄された。彼女の邪推は謂われのないものであることを、彼女はウェインバーグの所で知ることになる。相手が全く問題にしていないのに、相手から実際の自分を隠すことで疑惑を増大させてしまう。

ありのままの自分を愛してくれないのなら私を愛さないで欲しいという態度こそ、真に親密な関係をつくるのである。自分が弱点と思っているものに注意しなければならない。その弱点と思っているもの故に、相手が自分を愛さないと錯覚するからである。

弱点をことさら出す必要もないが、ことさら隠す必要もない。相手から受け入れられること、愛されることを最も重要なことにしないことである。相手から受け入れられることを最重要にすると、真に親密な人間関係が出来ない。そして自分の弱点故に、自分が価値がないと思われてくる。

実際の自分を知って自分からはなれていく人とは、離れて暮らす方が幸せなのである。ある人々に受け入れられるということを自分の人生の目的にしないことである。そのようなことを目的にすると、自分の弱点がそれに障害になると思い始める。どうでもいい弱点でさえ大変な欠点に思え出す。

ありのままの自分を愛してくれないなら愛さないで欲しいという気持ちが大切なのである。イタリア人である自分を愛してくれないのなら愛さないで欲しいという気持ちがあれば、彼女は幸せな結婚生活が出来たに違いない。

Ｂ大学を卒業している人である。Ａ大学を出ていないということを自分の弱点と思い、それにこだわって、結局婚約が破棄された例を知っている。しかし相手の女性は、全くどこの大学を相手が卒業しているということを気にしなかったのである。しかし、男性の方が何か相手の女性に批判的になり、壊れた。

そのように弱点を気にすると、妙に相手に批判的になったりするものである。女性は学歴を気にしていないのに、その女性を学歴偏重主義者だと言って責める。自分が弱点と勝手に思っていることで、自分の人生を破壊していく人がいる。自分から勝手に弱点をつくり、自分から勝手にその弱点の犠牲になっていく人である。

自分の腹にトゲがないか

よく大先生方が、「今の学生は礼儀を知らない」とおっしゃる。しかし僕には、どうしても今の学生が礼儀を知らないとは考えられない。

もし今の学生が先生に対して礼儀を失した態度をとるとするならば、それはやはり先生の心の中に「今時の学生は」という侮蔑した気持があるからではなかろうか。昔はたとえそのような気持が先生の心の中にあっても、それは権威主義によって正当化されていた。今はその権威がないから、学生が自由に態度を表明するだけである。

今の学生は礼儀を知らないというのは、「真の権威なるものは上から与えられるものでなく、下から与えられるものだ」という言葉を知らない権威主義者のなげきである。

たとえば今の学生と僕はよく海にいったり山にいったりして自炊の合宿をする。彼らは絶対に先生には食事の準備はさせない。そこにいる先生が直接教えを受けている先生でなくても、決して用事をさせない。「先生、煙草でも吸っていて下さい」といっている。

僕は、自分が教えている生徒のボーイフレンドやガールフレンドまで一緒になって遊んでいる程だが、僕は時にその場にいづらくなるほどに彼等は礼儀正しいものだ。

かつて僕は、女子大生にたいへんな侮蔑の念をいだいていた時があった。新聞紙上に、「いわしの腐ったような今の女子大生に何がわかる」とまで書いていたのである。今ふりかえってみると、当時は女子大生と会っても、どうしても、トゲトゲした関係だったような気がする。

われわれは、もし学校や会社でトゲトゲした人間関係が生れた時には、まず自分の心の中にその原因があると考えて反省しなければならないような気がする。

もちろん世の中には徹頭徹尾ひねくれて周囲に対して敵意をいだいている人もいよう。自分の心にトゲがなくても、つっかかってくる人もいよう。しかし、そういう方は気の毒な方なのだ。当然こっちは笑っていなければいけない。腹のたて合いをやり、つっかかりあって、神経をすりへらしている人は、自分が、そんなことだけをやりながら死んでいってしまうということに気がついていないのだろう。

こんな
友人なら
一生つきあえる

日本人はここまで自分を飾る

日本人は、おそろしく自分を飾る。日本には応接間と茶の間がある。食器から料理にいたるまでお客様用というのがある。普段はきたない格好をしていても、外に出る時は晴れ着を着てきれいにしていく。その晴れ着を買う為には、並々ならぬ努力をする。食べたいものも食べず、人に見られないようなものは一切倹約してお金を貯めて買う。

美しく着かざることはおおいに結構だ。しかし、それは生活全体のバランスをくずすものであってはならない。アンバランスにひたすら表を飾るのは、人を気にしているからだ。おもてを飾ることならどんなことでも我慢する。人が高級ハンドバッグを買うから、自分も高級ハンドバッグを買わないと恥しい。おそるべきデモンストレーション効果である。人に馬鹿にされまい、軽蔑されまい、毎日それだけで生活している。

「オリンピックです。紙屑があると外国人に笑われます」他人に笑われることがこわいからきれいにするので、きれいなところに住むのが気持いいからきれいにするのではない。流行語をひとつ使うのにも、下品だからと人から思われないかとビクビクする。教養を疑われないかと言葉までつつしむ。着るもの、住む家、食べるもの、毎日の行動、言葉使いにいたるまで他人を気にする。

僕も自分を飾っていた

日本人のこうした生活態度は、本当のつきあいにとっては非常な害となる。自分を飾るということは本当の自分を見せないということである。他人に本当の自分の姿を知ってもらわず、ウソの自分を知ってもらい、そのウソの自分とつきあってもらおうというのである。これでは本当の心と心のかよいあった友情が生れるはずがない。

もし、本当の私を愛さないのなら、私を愛さないで下さいという言葉をどこかで読んだ。人間というものは、本当の自分にもどった時ホッとするものである。晴れ着を着て外出し、家にかえってきて一人になってホッとする。

これと同じで、本当の自分をさらけ出していないなら友達とつきあっていても気がはって仕方がない。友達づきあいが気楽な楽しいものではなくて、肩のこるものになるだろう。

たしかに自分をさらけだして、本当の自分の姿を友達に見せるのはつらいものだ。つらいというより、なかなかできないものだ。僕も高校時代には最も親しい友人にさえ自分を飾ったものである。軽蔑されまいとして一心にていさいをつくった。そんなことは馬鹿らしいことであり、またやるべきことでないと充分知っていても、本当のことがいえなかった。たえず言い訳をしていたように思う。そして、本当の自分をさらけ出して生きている人を見ると羨しいと思った。自分もそうなりたいと思った。でもなれなかった。

試験の成績がわるい時には、勉強してできなかった時でも、自分は何か他に用事があって勉強できず、今度の成績のわるいのは止むを得ないことなのだ、自分は本当はもっと秀才なのだという意味のことをいわずにはいられなかった。自分に劣等感があったからたえず言い訳をしていた。落着いていられなかった。人と話しあう時もたえず自分の正当化をせずにはいられなかった。

自分を飾るのは劣等感のある証拠である。

人を評価する物差しの違い

もともと、そういうことは別としても、僕はたえず少数派の人間であったような気がする。だから自己の正当性を人以上に主張しないと、社会から抹殺されてしまう人間なのである。したがって、その自己の正当性の主張が劣等感と結びついて、人よりも激しいかまえをして対人関係に処していかなければならなかったようだ。かまえのハデな男だったのである。そして、かまえることなしに人とつきあうことのできない男だったのである。かまえるということは、自分をいつも守ろうとしているということである。

社会は多数派が動かすものである。そこでは多数派の考えが正しいとされるのである。多数派が価値ありというものが価値あるのである。価値を価値たらしめるのは一般の信任である。正しいということは、皆が正しいと思っているにすぎないことなのである。多数派の中心勢力の考えが、そのまま公共的なものになってしまうのである。

そうした社会は、すべてその社会の「ものさし」をもっている。その「ものさし」で人間をはかる。「あの男は10である。あの女は7である」と決めてしまうのである。したがって少数派の人間は、黙っていれば2とか3とか1とか、極めて低く評価される。だからたえず自分の「ものさし」を出して、「俺は2ではないのだ、9なのだ。あの男は9といわれているけど、俺の『ものさし』だと2の男である」と騒がなければならない。

たとえば、ある男が、高校時代に人生に悩んで煩悶しない人は頭がわるいんだと思ったとする。しかし青春に煩悶して大学に落ちれば、社会は大学に受かった人を頭がいいとする。この、ある男というのが僕だというのでは勿論ない。しかし、僕はたえず少数派できた。それだけに自分をもっと高く評価してもらいたいという気持はようくわかる。自分を飾って、本当の自分以上に高く評価してもらいたい気持は胸にいたい程わかる。しかし、やっぱりこれは友情や、本当のつきあいには害になる。

劣等感をうちあけた僕の手紙

高校時代のことである。僕は親友のS君に手紙を書いた。

「自分は、どうしても自分を飾らずにいられない。劣等感があって、君に軽蔑されやしないかと思って、たえずビクビクしている。

ぼくは灰色の受験生活を軽蔑する。自由奔放な高校生活をあこがれる。しかし、どうしても、思いきってそうした自由奔放な生活ができない。

君は、僕よりも勉強している時間が少ないように僕には思える。だけど常に、ぼくより成績がいい。おまえと一緒にいると、時々何だか自分がガリガリの受験生のような気がしてきて劣等感に苦しむ。僕もおまえのように勉強時間が少なくて、成績をよくして、受験勉強なんてくだらないというようなことをいってみたい。でも、現実は、言う立場でなくて、言われる立場なのだ。

何か、君に軽蔑されやしないかということが気になって仕方ない。たしかに俺達は人よりよく遊んでいる。夏休みにでもなれば、一週間も二週間もキャンプにでかけていく。たえず集まって騒いでいる。クリスマスになれば女の子のグループと合併で徹夜のクリスマスパーティーをやる。実によく遊んでいる。

しかし、時々、僕はこういう時があるのだ。自分では勉強したいと思った時でも、君から何か誘われれば決してことわらない。それは、自分がガリ勉だと思われたくないからだ」

相手も僕と同じように悩んでいた

これに対してS君から返事が来た。

「今、君の手紙を読んだ。嬉しかった。おれには一人の友がある。この気持は、なんともいえないものだ。

ぼくが、君を自分の側に見出したことは大きな驚きだった。俺はだいたい、人を尊敬もしないかわりに、軽蔑もしない。学校で受験で騒いでいて、それ以外には何もしようとしない人を見ても、可哀そうな人だと思うだけで、軽蔑したことは一度もない。

とにかく、君を軽蔑するなどとは思ってもみたことがない。この一年間、ぼくは一刻でも、君のそばを離れられないような気持がしたことがずいぶんある。

ぼくは、今、理科へ進もうと思っている。それは、まったく、君が理科へ進学することになっていた影響だ。君が、去年の夏、文科にしたいといってきた時、ぼくは、いったいどうしたらいいのかわからなくなった。おれもそうしたいと思った。自分の意志はなきが如くだった。

この前、漢文の時間に君がいったろう。『自己は自分の主人であるか』と。あのとき、ぼくは、こんな例をあげた。ぼくがテニスをやっている。すると、女の子が見ている。そんな時、その女の子のことばかり気になる。しかし、ぼくがいいたかったのは君のことだった。

一時、君はぼくの主人だった。これからは今まで以上に客観的に君を観察し、よりゆたかな友情を君にそそぐよう努力しよう。

惜しみなく愛は奪う。君を愛することによって、ぼくの生活は非常に充実したものになった。君はよく、ぼくの為に高校生活が、楽しくすごせるといってくれるのは、ほんとうにうれしい」

僕は、この手紙で元気がでた。それから以後、僕は、その友達に対しては、かまえることなしにつき合えるようになった。ほっとして気が楽になった。彼との友情は、人間関係のオアシスになった。一緒にいると、しみじみとした心の交流を感じるようになった。今でも想い出すのだが、神田の本屋街を二人で黙って歩いた。雨の中を一時間以上も歩いた。そして、最後にその男がポツリと「楽しいな」といった。僕も、「ウン」と答えた。何もいわなくても、二人が完全に理解し合えているような気がしたのである。

それから、もう十年近い月日が流れた。高校時代のそうした友は、一人から二人に、二人から三人に、三人から四人へと増えていった。晴れ着のつき合いから、普段着のつき合いに、客間のつき合いから茶の間のつき合いにとかわっていった。

汝自身を人に示せ、そうすれば汝自身を知ることになるだろうと、マックギニスは本に書いているが、まさにその通りである。

我々が仮面を着けるもっとも深刻な理由は、拒否されることを恐れるからである。そして拒否されることを恐れている者は、他人と一緒にいても居心地が悪い。

ウェイン・ダイアーは「ありのままの私を見捨てるような人と、本当に友達でいたいのだろうか」と自分に聞いてみなさいと言っている。人は不安だと自分自身であることより、人に気に入られることの方を選ぶものである。しかし、それによって決して不安を克服できるものではない。

さらにウェインダイアーは別の箇所で、友人とは貴方が貴方らしくあること以外に何も期待していないとも述べている。そして一生涯続く友人関係においては、誰も自分の価値を証明する必要がないとも書いている。

つまりその人と一緒にいると、ついつい自分の自慢話をしてしまう、その人といると、自分はすごく持てるのだということを自慢したくなる、その人といると、自分は昔こんなに人気者だったということを言いたくなる、その人といると、自分はこんなに頭がいいのだと言いたくなる、その人といると、自分は皆にこんなに好かれているのだとついつい言いたくなる、そのような人は真の友人ではないということである。

自分はこんなに価値がある人間なのだということを、その人に証明しないではいられない、それは真の友人ではない。世の中には、会う人すべてに自分はこんなに価値があるのだということを証明しようとする人がいる。劣等感の激しい人である。心の底で自分は価値が無いと感じている人であり、そのことを他人に見すかされまいとしている人である。

世の中には自分の奥さんに対しても、自分はこんなに価値があるのだと証明しようとする人もいる。日常的に使う言葉で言えば「張っている」という表現があたる人である。

自分の価値をいつも証明しないといられない人というのは、自分の価値を証明しないと誰も自分を相手にしてくれないのではないかと恐れている人である。自分の友人に自分の価値を証明しないではいられない人は、いつも友人に相手にされないのではないかと恐れている人である。

自分の奥さんに自分の価値をいつも証明しないではいられない人は、いつも奥さんに相手にされないのではないかと恐れている人である。実を言えば、自分が自分を相手にしていないのである。そこが最大の問題である。

ヒルティーの『幸福論』の中に、次のようにある。いつも誰かに向かって「何ものかであろう」とすることによって、自分の生活を失い、多くの骨折りと苦労にもかかわらず、自分と他人を不幸に陥れる。このような人が少なからずいると言う。自分の価値を相手に向かって証明しようとすることで自分を失うというのである。苦労するが、結果は自分の生活を失い、相手を不愉快にさせるだけだと言う。

他人に対して自分をよく印象づけよう、他人に対して自分が重要な人物であることを印象づけようとする努力は大変なものであるが、実りのない努力でしかない。

一段としみじみした心の交流

やがて、自分なりの思想ができ、自分なりの生き方ができるようになると共に、一段としみじみとした心の交流が生れたものである。かつて高校時代には互いに張りあっていたのが、今では何の張りあうこともなく、会えば黙って一緒にいるだけで楽しい。

自己主張が劣等感と結びつかなくなった。そんな親しいグループの中でも、僕は価値観その他で一人孤立することがよくある。しかし、それは張りあってつき合っていた当時の孤立とは全然ちがうものになった。

互いに認め合いながらの対立なのである。自己を主張することが、以前だと相手の価値を否定することにつながっていた。しかし今は相手の価値をも認めたうえで、自己を主張することができるようになったのである。

自分なりの思想が生れ、自分なりの生き方ができるようになってからは、社会に対しての自己主張についてもそうである。以前なら、青春に悩んで受験が手につかず、大学に落ちれば受かった人の価値を否定しないかぎり自分はうかばれないような気がした。しかし、自分なりに生きていかれるようになってからは、社会の価値基準がどんなに自分の価値基準とちがっても、自己主張をしながらも、社会の価値基準を否定しなくてもいられるようになった。

相手を認めつつ自己主張ができるようになった時、僕は対人関係の苦しみから解放されたような気がする。そして、自分なりに生きている二つの魂のふれ合いから、友情はいよいよ深まるものである。

心の中ではみんな少数派

自分を飾っている限り、相手もこっちに対して自分を飾ってくることが多い。敗けるが勝ちという諺まである。なかなか敗けるということはできないものだが、他人も自分と同じにいろいろと気苦労して自分を飾っているのだと知ると、何か自分を飾るのが馬鹿らしくなってこないだろうか。

世の中には表面の現象だけから見ると、多数派がいる。しかし、各人の心の中では、たいていの人が少数派なのではなかろうか。誰でもが、他人にはわかってもらえない事情とか、条件とか、運をもっているのではなかろうか。

「そんなことといったって、私は……」という気持は誰にでもあるのではなかろうか。

世の中の人は心の中ではみんなそれぞれ少数派であり、それぞれ自分を飾っている。これだけ解ったら、自分を飾ることを止めるように努力することだ。少なくとも、親しいグループの中では。自分をさらけ出したなら、その自分が、どんなに社会の価値基準に照らして低く評価されても、他人は軽蔑しない。羨ましがる。表面上の顔では見下しているようでも、心の中では羨ましがっているのだ。

自分を傷つけることなしに他人を感動させる文章は書けないといわれている。それは、人間がみんな心に傷をもっているからだろうと思う。自分の全き姿を見せ、傷も欠点もある姿を見せた時、人は軽蔑しない。むしろ感動する。自分をつくろって完全なものとしても、人は感動もしないし、親しくつき合おうとも思わない。

裏表のない気楽な生活をしたい

高校時代の最大の親友の一人T君がこのあいだ結婚した。その男が披露宴の席で、「ぼくは、裏表のない、気楽な生活を送っていきたい」と挨拶した。

その男は以前から、裏表のない生活をした男、いや少なくとも、そうしようとした男だった。僕も、自分なりに人生を自信をもって歩めるようになる以前から、その男には自分をさらけだしてつき合えた。いや少なくとも、さらけだそうと努力できた男だった。他人に対して、かまえて、飾っていた当時から、その男には気楽な気持をもった。

僕はいつだったたか、山の仲間と一緒にいる時は、どうしてこうも落着いて気楽でいられるのだろうかと、いぶかしく思った時があった。張っている気持が消えている。なんの弁解の必要もない。そんな仲間の中にただ黙っているだけで気持がなごんでくる自分を見出すのだった。

やはりそれは山の仲間が、飾らない男達だったからのような気がする。少数派的価値の実現者であり、反主流的意見の持ち主である僕が、たえず自己の価値を主張してかまえていた当時でも、ある一定の仲間の中にはいった時はホッとして気持がなごんだ。とにかく、山の仲間というのは山の中に何日もはいって居て、火のまわりを、バケツをたたきながら「馬鹿だよ、馬鹿だよ」と走りまわっている仲間なのだ。

考えてみると、用心深く自分の弱点を隠して、利巧にたちまわる人々というのは、生涯孤独な人のような気がする。

マックギニスは『フレンドシップ』の中で、次のような話を書いている。ある有名な精神分析医が、患者に心を開かせる方法を討議するシンポジウムで司会をつとめていた。彼は「賭けてもいいですが、私は患者に一言も頼まなくても、はじめての面接で心の秘密をしゃべらせてみせます」と言った。その秘法とは何か。それは最初の面接で自分のちょっとした秘密を打ち明ける。相手が約束を破ったら、医者としての自分を傷つけてしまうような秘密である。

そしてマックギニスは、実際これは患者に心の秘密を打ち明けさせると言う。そして自分から思いきって心を開けば、相手もきっと心を開いてくれるだろうと述べている。

個人の魅力がものをいう所

人間の中には、親しみを覚える人間と、どうしてか、親しみを感じない人がいる。客観的にみるならば完全な人なのに、どうした訳かつき合う気のしない人、一緒にいても愉快でない人がいる。「やぁ、おまえも人間か。実は俺も人間なんだよ」というような気分にならない人がいる。

有名大学を卒業して大会社につとめている人、あるいは目のさめるような美人だったり、素晴しい家柄だったりする人。それでいながらなんだかセルロイドでできた人形みたいな感じがしたり、銅像のような感じがしたりして、大切な生命が吹き込まれていないような人。社会の価値の「ものさし」ではかったかぎりでは大変点のよい人、それでいながら、生きていない人がいる。

人間にはこのように、どうしても「ものさし」では、はかり切れないものがあるような気がするのだ。あの人が10点で、この人が20点というように計算しきれないもの、「ものさし」が役に立たない「何か」が人間にはある。人は、このことを人格とか性質とかいろいろに呼んでいる。この「何か」を人格と呼んでも呼ばなくてもいいが、とにかくこのようなものがある。

おそらくそれは個性と呼ぶのが、一番近いのではなかろうか。

この「何か」が一番物をいうのは小集団においてである。大集団においては、権力とか富とか、「ものさし」ではかれるものがはばをきかせる。大集団を維持するにはこの得体の知れない「何か」ではまずい。ハッキリとはかれるものでなければならない。しかし、小集団ではちがう。

小集団の支配原理であるこの「何か」は、特にハートにグッとくるものであり、泣かせるものであり、形のないものである。互いの人間を結びつけているものは、大集団の場合は、ハッキリとわかる利害である。小集団の場合は利害でもなんでもない。この「何か」と「何か」の引力である。

何よりも、ここで僕達がハッキリとさせておかなければならないのは、小集団の支配原理と、大集団の支配原理とがちがうということである。

個性的に生きることのできた時代

古代の人間にとっては、集団とはすべての小集団であった。そして、その集団にあっては、その「何か」が支配していた。古代の社会には何か絶対的なものがあったと考える人がいるが、それは人類学者によって否定されている。そこにあっては人間はすべて自由に個性的に生きていた。そして個性的に生きることによって、その社会で十分に認められていたのである。出世というような一般的価値基準がなかった。いわば「ものさし」がなかったのである。

人間という元来「ものさし」ではかることのできないものが、そのままはかることのできないものとして生きていた。人間が人間として生きていた。そこでは個人が各人、各人なりに生きていながら充分に認められ、張り合わずにいられた。自分も認められ、相手も認められていた。個性的に生きるということで十分であったのである。

人間には社会的承認の要求というものがある。これは、人間の基本的要求の一つと考えられている。基本的要求というのは、他によってはおきかえのきかない要求というものである。山に行きたいという欲求は、海にいくことによって満足させられるかも知れない。基本的要求とは、人間にある無数の欲求をそのように整理したものである。だから「社会的承認の要求」が満たされないかぎり、人間はどのような他の要求が満足されても、全体として満足されない状態にある。勿論、人間が修養したり、自分なりに生きられるようになってからは別であるが、生れたままの精神状態としてはそのように考えられる。

有名大学への願望も、自分を飾りたい願望も、何とか自分を認めてもらいたいという要求から出た行為なのである。しかも、現代においては驚くべきことに、社会的承認の要求の対象が次第に小集団から大集団に移ってきた。そして小集団の崩壊ということさえいわれているのである。

しかし、人間にとって、どちらが本質的なことかといえば、いうまでもなく小集団であろう。何が先にあったかということを考えただけでも、小集団がより本質的であるということがわかる筈である。いってみれば、小集団のほうがより人間的なのである。

この小集団では、くりかえし述べてきたように、その支配原理は「何か」である。したがって、最も人間らしい人間が尊ばれる。人間らしい人間が重んじられ、親しまれる。人間らしい悩みを悩んできた人、人間らしい喜びを喜んできた人、その「何か」の豊かな人、生活内容の豊富な人、そうした人がしたわれるのである。

しかし、大集団では、出世という価値基準を最も完全に実現した人が尊ばれる。権力者が、金持が、絶対に尊重される。有名大学の学生が、大企業の役員である人々が、重きをなす。その人が、その仕事の中にどれだけ自己を実現しているかということは問題ではない。仕事の内容よりも、どのような種類の仕事についているかということが問題なのである。

「何か」の豊かな人が好きだ

今、それがよいとか悪いとかいうことではない、そういうものだということをいいたいのである。

たとえば、よく僕がぶつかる経験なのであるが、親しい友達と話したりしている時、いわば大集団の英雄がその仲間にはいり込んでくる。そして彼は当然自分がもてはやされることを予期して行動するのである。また親しみを感じている者同志でグループをつくっているのに、自分は秀才だからとか才女だからとかいうような顔をして、そのグループに割り込む人もいる。あるいは、自分のような秀才や才女は、あんなグループとはつき合わぬという顔をするのもいる。勿論内心に満たされないところがあるからそういう行動をとるのだろうけれど。

また逆の人がいる。有名大学にはいれなかったとか、社会的に尊重される職業につけなかったということでグループから抜けていく人である。しかし、つき合いとか、友情とか、愛情というのは、あくまでも小集団のものであり、「何か」の世界の中で起ることである。

人類が発展するためには、大集団が必要なことはいうまでもない。しかし、僕はやはり「何か」の豊かな人が好きであり、そういった人とつき合いながら生きていきたい。「何か」を死ぬまで尊重していきたいのである。

人から
裏切られたら
どうする

裏切った人間の方が不幸だ

若い時代に、親友や恋人、あるいは婚約者等から裏切られた苦しみは絶大なものである。何もかもが信じられなくなる。裏切った相手に復讐するためならどんな苦しみも苦しみではなくなるだろう。自分の人生はそいつに復讐するためにあると思うだろう。相手が苦しんで死んでいく姿を見ることができるなら、自分も死んでもいいと思うにちがいない。相手への信頼が大きければ、大きい程、裏切られた時の苦しみと憎しみも大きい。

しかし、ここで注意しなければならないのは、結局において、裏切った人間よりも裏切られた人間のほうがはるかに幸せだということだ。

それはどういうことだろうか？　裏切られた人間の苦しみや憎しみは、時がたつにしたがって必ずうすらいでいく。それに対して、裏切った人間が、もし一片の良心でもある限り、彼は死ぬまで良心の呵責に耐えていかなければならない。裏切ったり、裏切られたりしたその当座は別として、その生涯の苦しみや悩みや淋しさをプラスしてみるかぎり、裏切られた人間のほうが幸せである。

もし裏切った人間に一片の良心もない場合はどうなるだろう。彼に、彼女に、良心がないのだから、たとえどんな残酷な裏切りを行っていても彼や彼女は苦しむことはないだろう。良心のない人間が、良心の呵責に苦しむことなどありえようはずがない。

では、そうした人間にかかりあってひどい目にあった時、裏切られた方だけが苦悩しなければならないのか？　神は幸いにして、人間をそのように不公平にはつくらなかった。良心のない人間は、その呵責に苦しむ必要がないかわりに、彼は幸福というものを味わうこともできないようにつくられている。

肉体的欲望の満足ということは別として、人間が、しみじみと幸せを感じるのは、良心の満足を感じた時なのである。しみじみと深い幸せにひたるのは、良心が満足された時だけだというのではない。しかし、良心が満足された時には、人間は静かな落着いた人生の幸せを感じるのである。良心の呵責に苦しむことのない人間は、そうした幸せも味わうことができない。

いずれにしても、裏切った人間より、裏切られた人間のほうが幸せである。

復讐心を捨てた時に復讐が完成する

しかし、裏切った人間と裏切られた人間の間にあるより決定的な違いは、このことではない。それは次の点にある。裏切られた苦しみは克服することができる性質のものであるが、裏切った人間の苦しみは克服しがたいものであるという点にこそ、決定的なちがいがある。

裏切られた時、復讐などにすべてをかけるのは意味がない。そんなことをしたら自分の人生をつぶしてしまう。そう思って、新しく生きていかれる人、裏切った人間を笑って許してやれる人、そうした人は、過去において幾多の苦悩を克服してきた人生の英雄である。

人生の出発途上にある人間にはいくらいいきかせてもそのような真似はできない。人生を出発したばかりの人間は、もう自分の人生などはどうなってもいい、相手に復讐できさえすればよいと考えがちなものである。しかしそうした人間は、次のことを考えるべきだ。すなわち、復讐のための行為によって復讐を完成することは絶対にできないということを。

たとえば、永遠の愛を誓い、何十回、何百回と結婚の約束をした人間に、裏切られたとする。自分が貧しく、相手は金持のところに嫁にいった。そんなことは常にこの世にあり、貫一、お宮の昔から、男性は復讐に生きる。しかし、そんな時、自分が、裏切った相手より富をもち権力をもち、名誉を得たとしても、それで相手に復讐できたことになろうか？いや相手を不法な手段を用いて殺すところまでいったとしても、自分の復讐心は満足できるだろうか？　決して満足できない。断じて「否」である。相手への復讐心がどのようにしても満足されず、しかも自分の人生のみじめさに気がつき始めて、やりきれなくなるにちがいない。裏切った婚約者の魅力から解放されないかぎりは、どのような行為も真の復讐にはならない。裏切った婚約者が好きならば、その人を殺してみても恨みは晴れるものではない。真の復讐は、復讐することが自分にとって何の価値もなくなった時に完成する。今も述べたように、愛における裏切りは日常茶飯の出来事である。ことに恋が結婚という現実の生活の問題とからんできた時、男は女を、女は男を往々にして裏切る。そして裏切られた時、復讐に生きるならば、これは裏切った相手のペースにまき込まれた人生である。せっかくこの世に生命を受けながら、一人の卑怯な人間に、自分の人生を攪乱されて生きることである。裏切られた以上に、このことこそ悔しいと思わないか。たかが一人の卑怯な女のために、あるいは男のために、自分の人生をメチャメチャにされて口惜しくないのか。

カーネギーの本に、復讐することの愚かしさを説いたところがある。雑誌の「ライフ」によると、高血圧に悩む人の性格特徴はすぐに人を恨むことだそうである。キリストに、敵を愛しなさいと言われたからといって、我々はすぐに敵を愛せるほど立派にはできていない。しかしカーネギーは、敵を愛しなさいというのは道徳律というよりも、医学的なことなのだと言う。キリストは、高血圧、心臓病、胃潰瘍、その他の病気の予防について述べたのだと主張する。

人を恨むことによって、せっかくの顔も醜くもなるという。そして本文中にあるように、その人を憎むことによって自分の人生を台無しにする人は多い。カーネギーも、女性の中には恨みによって顔が醜くなっている人が多いと書いている。そしてそんなことを敵が知れば、敵を喜ばすだけだと言う。そんなことを知れば、のそんなこととは次のようなことである。

Our hate for them was ehausting us, making us tired and nervous, ruining our looks, giving us heat troble, and probably shortening our lives ?

我々の恨みが、我々を消耗させることである。確かに恨んでいるだけで我々は消耗する。何も具体的にしなくても消耗する。そして我々を神経質にすることである。これも確かであろう。我々は恨んでいるときには、すぐに腹を立てていらいらする。そして、ついには寿命を縮めるというのである。

これが本文中に書いてある、自分の人生をメチャメチャにされて悔しくないのか、ということである。カーネギーは仕返しをしてはならないと書いた後、次のように書いている。

Because if we do we will hurt ourselves far more than we hurt them.

つまり、相手を傷つけるよりもはるかに深く自分自身を傷つけてしまうというのである。人間の気持は理屈通りには行かないが、人を恨んだときに、恨みとはこのような性質のものだということを、頭ではとにかく理解することであろう。

恨みのエネルギーは他の生産的な仕事に向ける。

成功目前で相棒に裏切られた経験

裏切りは、何も男女の恋においてばかりおこるのではない。男同士だって、女同士だっておこるのだ。

ある時、僕は知人と二人で、A国に日本紙でつくった各種の製品を輸出しようと計画したことがあった。ある銀行の貿易相談所の人は、そんなことを二人や三人でやるのは太平洋をヨットで渡るより大変だといったが、とにかく二人でこぎつけた。そして、外国から注文をとった。

銀行で相談にのって下さった方は、「二人では失敗する。ここらでどこかの商社に、話をして、利益の何割かをもらったほうが利口です」と忠告してくれた。しかし、二人は、失敗しても成功しても面白いから自分達でやるのだといっていた。

ところが、ドタン場にきて、外国人がキャンセルしてきた。変だと思ったら、相手の男が、ある商社にこのことを話して、僕たちがとりまとめたより少し安い値で売りつけていたのだ。

二人で太平洋をヨットで横断するより大変だということに挑んで裏切られた時は、どうしようもなく口惜しかった。僕のところに残ったものは、その時までについやされた莫大な金額の借金だった。準備のための金の一切合切を僕にかぶせ、利益のでる段階までじっと待って、そこにきた時、スパッと僕を裏切って、その一切合切のものをもっていってしまったのだ。

しかも、その時、相手の男は、いままでの婚約者をすてて、新しい女と結婚するところだった。僕は彼とその古い婚約者との交渉を書いた彼からの手紙をもっていた。その気になれば、その手紙を新しい婚約者に送るだけで、今度の結婚をこわすことができたのだ。

相手からの信頼を待つべきではない

その時僕は次のように日記に書いている。

「死すべく運命づけられた人間である加藤諦三よ！　その運命をまっとうせよ！　敗けるな！　人生に立ち向かえ、堂々と！　堂々と自らの信念に従って生きていれば必ずいいことがある。一時のがれの卑怯な真似はやめることだ！　腹を決めて笑っていろ！　これができるか、できないかが一生を決めるのだ。大きく笑え！　それで世の中が俺を追い込めるなら、この社会はとるにたりないのだ。笑え！　笑え！　大きく笑え！

世界中で俺程の青春をすごした人はいないと豪語していたではないか。彼に西表島の海を泳いだ時のあの友達同士の信頼の喜びと栄光があるか。彼がすばらしい人間であるとでもいうのか。なんでもないではないか。あんな野郎にふりまわされて口惜しがるな。バカラシイ！　あんな男に俺の人生をふりまわされて、たまるかってんだ。

我が青春の雄大さと栄光を思え。苦しむのは、おまえが未だ未熟だからだ！　平気で笑っているんだ」

僕は苦しくなると例によって日記の主人公を「私」ではなく「彼」という言葉にしてし

まう。

「信じる――それが今や破れたのだ。彼の苦悩はそこにあった。彼はまさに史上最大の裏切りと感じた。彼は信じた――あいつは決して幸せになれないと。

彼はかつて悲劇の英雄になりたいと思った。しかし悲劇の英雄は悲劇の英雄以外の何物でもない。

彼は風呂の中でうめくように倒れてしまった」

そして、そのオーバーな興奮もおさまると、「あの楽しかった二人の日は、もはやもどることがないのだろうか?」と書いている。そきて「信念とは二人でつらぬくものではない。他人の関与するものではない。自分一人でもつらぬかねばならぬものである」と書いている。

もし、あの時、復讐のために彼からの手紙を使ったとしたら、今、僕は救われていないだろう。止めればよかったと後悔しているだろう。

再びいう。世に真実の路ほど厳しいものはない。しかし真実の路以外に喜びと救いに通じる路はない。復讐のためなら死んでもいいと思って、復讐に生涯をついやすのは、前にのべた死を肯定した生き方ではない。なぜか。復讐の気持は、欲求不満から出た気持だからである。

真の男子は人をうらまず

自分を裏切った人間を許そうと心の中で死物狂いの戦いをするのだ。その人間よりも、はるかに大きな人生の魅力を求めて、人生の闘争を開始するのだ。自分自身をより大きく、より深くするために努力するのだ。

そうした戦いの途上にあっては、何の肉体的理由もなく、ダラダラと油汗がでるにちがいない。目の前がボーッとしてわからなくなることもあるにちがいない。しかし、そうした戦いをする以外に自分を救う路はないのだ。そうした路が唯一絶対なのだ。

どのような残酷極まりない裏切りであれ、目をおおうひどい仕打ちであれ、それを受けた時、相手に復讐してやろうとして人生を生きはじめたら、より深い泥沼に向かって出発したことになる。しかし、相手を許そうと心で葛藤し、より大きな人生の目的に向かって努力をはじめるならば、やがて、人生は無限の可能性をもって自分の前にひらけてくる。

裏切られた苦しみは、たとえ脳天をつくように激しいものであっても、克服できるものである。そして、それを克服した時、前にもまして、より大きな誇りが満ちてくる。しかし裏切った人間の苦しみは、決して誇りには通じない。小さな裏切りであれ、大きな裏切りであれ、裏切られた時には、自分の運命に感謝するぐらいの心がまえが必要である。僕は高校時代の親友から「真の男子は人をうらまず」という諺を教わった。この言葉はおそらく、人をうらみ殺したいほどにうらんだ男が、うめくようにしていった言葉だと思う。

成功を求めるのが成功そのもののためなら問題はない。しかし、成功を求めるのが成功そのもののためではなく、成功することで人に復讐するために成功を求めるときに、その人の心を破壊するのである。

見返してやるというような気持から成功への努力をするときに、その人は孤独と不幸へ歩み始める。見返してやるという気持でなく、成功したいという願望だけであるなら、その人は不幸へ向かって歩み始めているのではない。自分の潜在的能力を思い切って発揮しようとする姿勢は大切である。

しかし激しく名誉を求める人は、たいていその成功によって人々を辱めようとしているのである。成功を求める気持が復讐の気持と一体となったときに、それは栄光への道と同時に不幸と絶望への道なのである。

カレン・ホルナイは、栄光を求める姿勢の中にこのような復讐の気持が隠されているときに、それを神経症と述べている。自分の心の葛藤を栄光追求によって解決しようとしているからである。そしてカレン・ホルナイは復讐的勝利という言葉を使っている。

人を不幸にするのは、この復讐的勝利へ向かっての努力である。カレン・ホルナイは、このような姿勢が小さい頃その人を苦しめた屈辱に対する復讐であると述べている。

成功のために成功を求める人と成功することで他人を卑しめようとする人とでは、どこが違うか。カレン・ホルナイは強迫性という言葉で表現している。つまり成功することで人を卑しめる、力を持つことで人を苦しめる、そのような人はまず満たされることがない。たとえ成功しても、もともと決して満たされることがない。

成功して権威を得て、もっと権威が欲しくて気が休まらない。お金を得ても、塩水を飲んだようにもっとお金を欲しがる。恋にも満たされることがない。たとえ持てても、もっと持てたい、もっと持てたいと焦るだけである。

そして見境がない。あらゆることで注目を集めたがる。もっとも運動神経が発達していることを求めると思えば、誰よりも頭がいいことを求める、自分が何かに本当に興味を持っていないのである。これがしたいということがない。

自分は絵がかきたいのか、自分は走っていれば満足できるのか、自分は議論が好きなのか、自分は動物が好きなのか、そういうことがはっきりしない。

要するにいつも不満なのである。そしてこのようにして成功を求める人が、誰よりも失敗を恐れる。復讐したいということから成功を求める人は極端に失敗を恐れる。その人がどれほど失敗を恐れているかで、その人の成功を求める動機が復讐か、自己実現かが分かる。

人を見返してやりたいということから成功を求めるような人が失敗をすると、絶望して自殺に追い込まれたりするのである。人を卑しめようとして成功を求めたところが、逆に失敗すると自分が卑しめられたような気持になり、その屈辱に耐えられなくて自殺する。

決してその人を卑しめているのは他人ではなく、その人自身なのである。その人が成功して他人を卑しめようとした、成功すれば自分の屈辱が晴らせると思った、成功すれば復讐が成し遂げられると思った、成功すれば他人を打ち負かせるとおもった、そのように思っていたところが失敗した。

するとその人は自分が卑しめられた、自分がかえりうちにあったように感じる。他人がその人を卑しめようとしたのではなく、その人が勝手に卑しめられたと感じたのである。

そして実際の自分の能力を無視するような非現実的な栄光を求める。自分の体力や自分の資質を無視して栄光を求める。

人から
軽蔑されたら
どうする

人を軽蔑するのはかわいそうな人間

他人から全く軽蔑されたことのない人間というのはおそらくいないだろう。面と向かって軽蔑されたことのない人は多いかもしれない。現実の世界で栄華を極めた人間は、多分面と向かって軽蔑された経験はないにちがいない。しかし、われわれ一般の人間は多かれ少なかれ、色々のところで軽んじられることがあるものだ。そんな時、たいていの人が口惜しがる。ところが、こういう時口惜しがるのは、よく考えてみるとおかしいのだ。そしてまたそういう場合多くの人間が劣等感に悩む。

軽蔑された時、軽んじられた時口惜しがるのはなぜおかしいのだろうか。それは、人を軽蔑する人間は必ず不幸な面をもつ人間であるからだ。不幸な人間を見て口惜しがったり腹をたてたりするのはどう考えてもおかしいのだ。人に軽蔑されたり軽んじられたりした時、ああこの人は気の毒な人なのだと思って同情の念が湧くのが本当である。

エリスは『神経症者とつきあうには』という本の中で、次のような例を出している。貴方が町を歩いているとする。すると近所のある女性が窓にもたれかかって、貴方の悪口を並べ立てている。普通なら貴方は不快になる。

しかし、もしこの同じ女性が精神病院の窓から貴方に同じことを言ったら、貴方はその時同じように不快になるかと言うのである。貴方は大目にみる。それは、その女性が深刻な問題を抱えていると思うからである。そしてその女性が貴方の悪口を言うのは、貴方の人物を評価しているわけでもなく、また貴方の過去の業績を評価しているわけでもないと知っているからである。

その女性が貴方の悪口を並べ立ててもそれは貴方を評価しているのではなく、その悪口の原因はその女性の病気にあるということを貴方が理解しているからである。ノイローゼ患者と付き合うときに、彼らがそのように行動するのは彼らがノイローゼだからだ、ということを理解していれば、狼狽することはないと言うのである。

確かにその通りである。神経症者を受け入れるときに、彼らの行動を決して自分に向けられたものであると思ってはならない。同じように貴方を軽蔑する人と接するときに、彼らの軽蔑は決して貴方を軽蔑しているのではないということを理解しなければならない。

彼ら自身が心に深刻な問題を抱えているから、その深刻な問題を解決しようとして貴方を軽蔑しているにすぎない。貴方が劣っていることを声高に軽蔑する人がいたとする。それは彼自身が、自分が劣っているという自分についての感じ方を認めることができずに、抑圧しているということである。自分は劣っているという感じ方を受け入れることができずに、自分の無意識の領域へとその感じ方を追いやった、その感じ方を他人へ投影する。

他人の中にその弱点を見いだし、そしてその弱点を非難することで、自分の心の葛藤を解決しようとしているのである。彼が貴方が劣っているとこれみよがしに嘲笑するのは、貴方に原因があるのではなく、彼の心の葛藤に原因がある。

真実はこうである。彼は、自分が自分の望むほど優れていないということに酷く苦しんでいる。自分で実際の自分を受け入れられない。自分で実際の自分を軽蔑している。しかし、それを認めることができない。彼は実際の自分と、あるべき理想の自分の乖離に苦しんでいるのである。

彼は貴方を軽蔑しているのではなく、実際の自分を軽蔑しているのである。もっとやさしく言えば、彼は自分の劣等感から貴方を軽蔑しようとしているのである。彼自身の劣等感との戦いが、彼にそうさせているにしか過ぎない。彼が貴方を劣っていると軽蔑するのは、彼の劣等感が原因である。貴方が劣っているか、いないかは関係ない。彼の軽蔑と貴方とは関係ない。

つまり彼は貴方に向けて貴方を軽蔑しているのではない。エリスが言うように、神経症者の行動を決して自分に個人的に向けられたものだとみなしてはならないのである。神経症者は日頃から貴方以外の人に対するときにも、貴方と接するのと同じ態度で接しているということである。つまり神経症者の行動は貴方に個人的な反感があるからそのように行動しているのではない。

エリスは、貴方に対する神経症者の接し方というものは、しばしば彼が自分自身に対して接している態度の反映なのであると述べている。

神経症者は神経症者なのである。岩が固いと言って、砂漠が熱いと言って、電信柱が高いと言って、郵便ポストが赤いと言って、木が緑だからと言って、花が紅だからと言って、文句を言っても始まらない。

文句を言っても依然として花は紅なのだし、木は緑なのである。同じように神経症者の行動に文句を言っても、神経症者はやはり神経症者である。神経症者とまでいかなくても、神経症的傾向についても同じである。いや一般に他人が自分に対してとる行動は、必ずしも自分が原因ではない。

私は青年時代、自分は愛されるに値しない人間なのだという感じ方に苦しんだ。その感じ方故に、私はあらゆることに自信がなかった。私は深刻な劣等感に苦しんだ。私の青春時代は、その深刻な劣等感との戦いであった。この本の中にもある虚勢や誇張された表現は、その劣等感の表れである。

そして私が、私は愛されるに値しない人間であると感じたその原因は、小さい頃の私と両親との関係にある。しかし大人になって、ある時ふっと、私が愛されるに値しない人間なのではなく、私の両親がそもそも人を愛する能力がなかったのだと気がついたときに、私は救われたような気持になった。

人を軽蔑する人間は、たえず自分自身が人に軽蔑されないように気を配って、内心安らかという時はないのだ。人を声高に嘲笑する人は、深刻な劣等感に悩んでいるのである。その自分の心の中の深刻な劣等感を打ち消そうとして、声高に他人を嘲笑するのである。それにそうした人間は、他人の心と自分の心とが完全に融合することがないのだ。真の友情や真の恋といったような愛の体験のない人なのだ。愛の喜びを知らぬ人間がどうして幸せな人間といえよう。彼等にも友人はいるかも知れない。しかし、それは心の深いところで結びあわされているものではない。

ことに心のおごった人間、思いあがった人間というのは、実は打ち消しようのない不幸を心の底にもっている人間なのだ。心のおごった人間が、どうして友情を感じることができよう。おごった心、思いあがった心に、それと正反対の性質をもつ友情のようなものがそだつはずがないのだ。俺とお前とは、長い人生を一緒に仲良く歩いていくんだという、気持のかよい合った友のいない人が、どうして幸福な人生を送っているといえよう。

思いあがった人間に軽くあしらわれた時、腹をたてるのはどう考えても納得できない。思いあがった人間は、栄枯盛衰のかなたにある人生の神聖な面にふれたことのない人なのだ。しみじみと心のかよい合った友人のいない人間は、どんな名声を得ても不幸な人なのだ。

勿論人類の歴史において思想のチャンピオンといわれる人々のなかには、孤独たる人間が実に多かった。彼等はその時代の人々より進みすぎていたのだ。しかし、われわれのような一般人が孤独の場合には、自らに反省すべきものがあるのではなかろうか。

僕がひとを軽蔑した時

　劣等感に悩んでいる人間も多い。僕自身どれ程これに悩まされたことか。しかし僕は、劣等感をもちながら一方において優越感をもっている自分を発見した。劣等感を克服しようとあがいても、容易に劣等感は消えるものではない。このことも繰返しのべてきた。僕も必死になって劣等感から脱しようとした。そうしている時、自分に優越感があるかぎり劣等感は決してなくならないという、極めて単純なことに気がついたのだった。

　劣等感からぬけでる路はただ一つ、優越感を捨て去ることだった。僕の優越感は他人を軽蔑することだった。したがってその単純な真実――優越感をもっているかぎり劣等感はなくならない――に気がついて以後、他人を尊敬する努力をはじめた。そうした努力をはじめてみると、いままで気がつかなかった他人のよい点に気がつきはじめた。いままで気がつかなかった他人の尊敬すべき点に気がつきはじめた。他人も自分と同じように必死で生きているのだ。表面ではそう見えなくても、内面では一生懸命で生きているのだということに気がついてきた。皆も自分と同じように幸せになろうと努力しているのだと思うようになった。

他人を軽蔑することによって自らの心の安定を得ることに失敗した僕であったが、他人を尊敬しようとする努力は非常な効果をあげた。そしていつしか僕の心から優越感が消えさっていった。それと同時に劣等感がスーッと消えてしまった。それ以後どこにでても心の安定が失われることが殆どなくなった。人間関係でどのような場面に出会っても心は安らかだった。

世の中には軽蔑すべき人間が非常に多いように見えるかもしれない。しかしよく考えてみると、彼らは軽蔑すべき人間というよりも同情すべき人間なのだ。人を軽蔑する人間は彼自身軽蔑さるべきであるともいえるが、いままでに述べたように、やはり同情すべきなのだ。

努力しない人間は軽蔑すべきであろうか？　努力することの中に人生の幸福があるとなれば、やはり努力しない人間は可哀そうな人間なのだ。良心のない人間にしても、彼は人生の喜びの一面を知らない人なのだ。ずるい人間というのもたくさんいる。しかし、結局彼は本当の友人はもてない。

優越感だ、劣等感だ、軽蔑だの、立腹だの、人間関係での悩みは実に多い。しかし腹をたてたり悲しんだり悩んだりする前に、その原因となっている相手の心の中をのぞいてみるのだ。そしてその相手の心の中にある大きな不幸や満たされない心に気がつくと、怒りや悩みは消えていってしまうだろう。

先に書いたように、私は若い頃劣等感に苦しめられていた。他人より優越したくてたまらなかった。他人より自分が優越しなければ生きていかれないように感じていた。

他人より自分が優れたいと深刻に思うのは、自分に劣等感があるからである。自分で自分を軽蔑するからこそ、自分が他人より優れていないと気が済まないのである。このような人は、自分に自信が無いくせに自信のあるようなふりをする。そしてこのように、劣等感があるから、逆に高慢になる人というのは、人にもっとも嫌われる人なのである。

そしてこのような人は傷つき易い。人は高慢であるかぎり傷つくものである。人は、他人の言葉によって傷つくものではない。他人の言葉を使って、自分で自分を傷つけるものである。

悲劇の人々ははたして不幸だったか

満たされた人間と一般に思われている人で実は不幸な人というのは多い。悲劇の人物といわれている人が、実は最も幸せな人であることも多い。たとえば、十字架にはりつけになって火あぶりにされたといって、キリストを悲劇の人の如くいう。

しかし、そこまで自らの思想に徹しきれた人間という意味では、この上なく幸せな人間であろう。人生の深い深いところにある無限の喜びというものを味わいえた人間であると思う。毒杯をあおいだソクラテスにしてもそうだろう。そこまで自らの信念をつらぬいた人は、一般のわれわれが味わうことができない誇りを味わって死んでいったにちがいない。真実の路はいばらの路かもしれない。しかし、その路にはその苦しみをつぐなってあまりある喜びがかくされているのである。人間が喜びや幸せや誇りを味わいうる可能性はまさに無限である。こんなにまで幸せを味わうことができるのか、こんなにまで誇りをもてるのかと驚くことがあろう、身を焼きつくすような歓喜に狂うこともあろう。

真実の追求は無限である。どこまでいっても、より真実なるものが、その先に見えてくる。そこに達するとその先にまたより真実なるものが姿をあらわす。それと同時に喜びや苦しみも大きくなってくるのであろう。人間は無限の可能性をもっている。それをどこまで実現できるかである。

劣等感は誰でももっている

ところで、さきの劣等感についての話であるが、劣等感というのは、はじめは誰もが持っているものなのである。人は自分だけが劣等感で苦しんでいると思いがちであるが、決してそうではない。僕も劣等感に苦しんでいた時は、何か自分一人が劣等感を持っているように錯覚していた。劣等感は外から見ればいうことのないような人でも、その内面にいだいているものなのである。

ある有名人の令息の話である。ここにその有名人の名を書けばおそらく知らない人はいないだろうと思われるくらいの人である。そのぐらいの有名な人の息子で、ハンサムな秀才である。彼から「自分は劣等感があるから人前ではどうしても威張ったが、どうにか最近それから抜け切れた」という手紙をもらったことがあった。その時は「ヘェヘェ」と感心してしまった。あんな秀才で、あの美男子で、あの家に生れてそれでなおかつ劣等感をもっていたのかとビックリしたのである。

その時つくづく感じたのは、劣等感なんていうのは、自分の心で克服していかないかぎりどこまでいっても抜けきれないものなのだなあと、いうことである。

まず外面的な条件で、今いったその男より以上になることは、われわれ普通の人間にはとうてい考えられない。その男が劣等感をもっていた。僕から考えて、劣等感の持ちようのない男に見えていただけにビックリした。たしかに話をきいてみると、その男にもひけ目はあった。しかし外からではどうしてもそのことは目にはいらなかった。

劣等感を持っている時は、どうしても自分のそのところばかりが気になっているが、他人は他人で全くこっちの見当もつかないようなところで劣等感をもっているものだ。

見ようによっては人はさまざま

劣等感は皆がもっている。そして自分の心の中で克服する以外にはどうにもそれを抜け切る方法はない。外面的条件などどんなに好転してもだめだ。これさえ、うまくいっていれば、劣等感を持たなくてもいいだろうと思っている人もいるだろう。しかし決してそのことがうまくいっても劣等感から抜け切れるものではない。

劣等感について、僕は二つの面白い経験をもっている。ひとつは、僕が劣等感に最も深刻に悩んでいた時、ある友達に、それを告げた時である。その友達はビックリして「ヘエヘエ、外からみてると、おまえなんか何の悩みもないようだけど、やっぱりなんか悩みっていうのはあるのかねえ」といったものである。僕がこれ程劣等感をもっているのに、他人には全く別にうつっていたと知って驚いた。

もうひとつは、これと全く逆の話である。ある時、友達を就職のことでせめたことがあった。君達の就職の仕方はまちがっていると、深夜まで攻撃した。その時、そこにいた友達の皆が「おまえは就職できないので劣等感をもっているのだ」といったのである。これには前の例の時と同じように驚いた。

同じように、僕が、身にあまるラブレターをもらって困っていた時、友達と話をしていたら、その男は「君は、女の子が自分についてきてくれないので劣等感をもっているのだよ」といった。

僕は人から面とむかって劣等感を持っている、もっていないといわれたのは三回である。その三回ともまるっきりちがっていた。

自分は、幸福に必要なものを持ってはいないと考える人がいる。アーロン・ベックという人は、それがうつ病患者の考え方だと言う。何が幸福に必要であると考えるかは、人によって違うであろう。自分に欠けているものを自分の幸福に本質的と考える人は不幸である。

とにかくまず、自分が不幸なのである。そこで何故不幸なのかと説明するのに、これが自分にはないからだと自分に説明するのが、もっとも納得が行く。自分にはお金がない、だから不幸なのだと考えるのがもっとも納得がし易い。自分には学歴がない、だから不幸なのだと考えるのがもっとも納得がし易い。自分には子供がいない、だから不幸なのだと考えるのがもっとも納得がし易い。

しかし本当の原因は、人に気に入られるために自分を偽って生きているからである。自分が現実に直面することを避けているからである。自分に欠けているものを自分の幸福に本質的と考えることは、自分を責めているということなのである。

ここでいう自分を責めるということは、反省ということではない。自己主張ができないということである。自己主張できる人が、本当に人にやさしい気持になれる。人に気に入られるために自分を偽って生きている人は、心のそこでは他人に冷たいものである。

弱さから自分を責めている限り、これさえうまく行けばと思っていることがたとえうまく行っても幸福にはなれない。

優越感から自殺した男

先にもいった通り、優越感と劣等感とは表裏である。したがって優越感の激しい男、のぼせ上がっている男、そういう男は劣等感もまた激しい。他人に優越することで安心しようとするからこそ、自分の劣った点を過剰に意識するのである。優越感で人を見下し、のぼせきった男は、ちょっとの失敗でも、激しい劣等感をもって自殺までする。僕もそんなタイプの男が試験に失敗しただけで自殺した例をいくつか知っている。日頃、人を虫ケラのように見下している人間は、自分がちょっと失敗すると、虫ケラになってしまったような劣等感をもってしまうのだ。

その自殺した男は、ある意味では、死によって自分を高めようという最後のあがきをしたのかも知れない。しかし人はその時何といったか。——「あんな奴は、正直いうと死んじまったほうがいいんだよ」

虚勢を張るのは劣等感の反動形成である。だから傷つきやすいのである。虚勢を張るのは劣等感が深刻だからである。自分への失望感がひどいにもかかわらず、それを自分では認めない、そのときに人は不必要なほどの大金を求める。それが手にはいらない時は、体裁を整えようとする。

名誉や力は、すぐに傷ついた自尊心を癒してくれる。しかしそれは一時的な、見せかけの安定にしかすぎない。そのような人は、他人が自分の望むように自分を相手にしてくれないのではないかと、いつもビクビクしている。だから不必要なほどの名誉やお金が必要なのである。心の底で自分に失望している。自分はつまらぬ人間だと心の底で感じている、もしそれを認めることができれば、それほど人は傷つかない。

しかしそれを自分が認めない。したがって自分が心の底で感じているように、自分はつまらぬ人間だと他人に感じさせまいとする。そうなれば自分のこけおどしが見破られないかと、いつも不安である。

成功しながらも、心の底で自分はつまらぬ人間だと感じている人が多い。アメリカでは、その現象を偽名現象と呼んでいる人もいる。なぜ偽名現象が起きるのか。それは自分が実際より大きく重要な人間であると、他人の心に映ろうとして努力してきたからである。

そしてこのような人は傷つきやすいのである。

生きることの意味を考えよう

なぜ人間は犬と違うのか

人間は人間だけで生きていると思っている。人間だけが喜んだり悲しんだりしていると思っている。しかし、犬だってちゃんと生きているのだ。犬だって喜んだり悲しんだりしながら毎日を送っているのだ。

たしかに人間の心理のほうが複雑だろうが、犬にも犬の心理がある。その喜びや悲しみの激しさは決して人間におとらない。ただ人間のほうが複雑だというだけのことだ。それはあくまで程度問題にすぎない。人間のほうが頭がいい。それは確かだ。しかし犬だって生きるための知恵がある。

犬と人間とのちがいについて、多くの人が色々なことをいう。人間は環境に左右されるが、他の動物は左右されないとか、人間は夢をもてるが他の動物には夢がないとか。しかし、やはり基本的な差異は考えるということである。考える。なぜ生きているのか、このことを考えて生きているか生きていないかが、犬と人間とのちがいだろう。

出世競争にしのぎを削っているサラリーマンを見ていると、正直いって、犬とあんまりちがわないいんじゃないかと思ってしまう時がある。出世競争にしのぎを削っているサラリーマンでなくてもいい。大ホテルのレストランで、豪華に着飾って食事をしている貴婦人についても同じである。犬だってちゃんと飯をくう。うまいものもまずいものもある。犬は何も考えないで生きている。貴婦人も何も考えないで生きている。いや、大学者でも同じことである。得意になって新学説を述べてみたところで、何の為に生きているかという問いに対する答えなしに、一体その新学説はどんな意味があるのだ。

「生きるとはどういうことか」人間はたえずこの基本的な問題にたちかえって自分の生活の仕方を考えていかなければならない。自分の生活も、学問も、仕事も、生きるとはどういうことかということに対して与えた自分の解釈を土台としてなさなければならない。その生活のすべては、その質問への解答でなければならない。

僕には学者のいっていることも、実業家のしている仕事も、どう考えても、このような土台をまったくもってない根なし草のように見えることがずいぶんある。自分の行なうことの一切は、自分が、生きるということに与えた解釈の上に行なわれるべきものなのだ。自分の行動は、その質問への解答でなければならない。

ウルフの言う迂回ノイローゼということについては、他の本ですでに説明している。

それは現実に直面することを避ける手段である。それは人間がどんなに考えても分かりっこない形而上学的な問題と取り組むことである。たとえば、人は何のために生きるのかとか、人生の目的は何かとか、人間とは何かとか、分かりっこないと問題を取り上げて、これが分からなければ何をしてもしょうがないと言って、何かすることを避けるということである。

自分の人生の目的も理解しないで仕事などできないと言っていれば、仕事の義務から逃避できる。自分は何のために生まれてきたかを理解するまでは働くことは意味がないと、社会人になる責任を逃れる人がいる。社会人として働くことが恐いというのが実際のところである。

何のために生きるのかという問に対する答なしに研究することは意味がないと言って研究しないとすれば、その人は迂回ノイローゼの傾向があるかも知れない。自分の研究が優れた研究者の業績より劣っていることを認めることができないで、言い訳しているだけである。そのような人は現実におびえて逃避しているだけであろう。

その分かりっこない哲学的な難問に逃げれば、自分の能力が試されることを避けられると思うからである。

野獣にも似た現代人

大都会の真中で、左右に動く人波の中に立って、僕はよく思う。彼等は一体、何を考えて生きているのだろうかと。

そしていつまでもその人波に見とれている時がある。あるいは五〇〇人もの学生の入った大教室の一番後に坐って、教授と学生をポカンと見ている時がある。夢中になってノートをとって、それを丸暗記しているその膨大な数の学生は、一体何を考えて勉強しているのだろうか、といぶかしくなってくるのである。見ていると、その姿はジャングルの中で生きている多くの野獣の姿に変っていってしまうのだ。

勿論、生きるとはどういうことかは、はじめから解るものではない。毎日毎日の生活の中から出てくるものだろう。しかし、たえず、生きるとはどういうことかと疑問をもち、そして考えながら生活していてはじめて、生きるとはこういうことであるというような自分の解答がでてくるのだろう。

今の学生や、今のサラリーマンのなかには、自分の解答をもっていないばかりでなく、考えることさえもしていない人がいるのではないか。もし、生きるとはどういうことかとたえず考え、その問題にたちかえって生活設計をしていったならば、どうして皆が一斉に大学に入り、大学を出ると同時に皆が一斉に就職し、一斉に結婚を考えるというようなことがあろう。就職とはどういうことかという就職論もなく、夢中で就職していくというようなことがどうしてあろう。

何もしない時間を持ってもいいのに

とにかく小学校の一年から大学卒業まで、考えるなどということが全くないのだから驚く。人から何かに誘われた時、「ちょっと忙しいから」といってことわると、「何で忙しいんだ」という。具体的な用事をならべれば納得するのだが、何も用事をあげないと納得しない。

考える時間がほしくて、家の付近の原っぱにでもいってじっと何もしないでいるとか、家に何もしないでいるなどというのではとても相手は納得しない。「忙しい、忙しいって、一体何をしているんだい」「何もしていないよ」という会話が成り立たない。

よく知人から、しつこく誘われる。僕は、忙しい、忙しいの一点張りでことわることがある。もし僕が、その日は、会社が遅くまであると答えたら納得するだろう。講義があって行かれないと答えたら納得するだろう。

あんまり、しつっこく「何で忙しいんだ、なぜ忙しいんだ」と聞かれるとムカッ腹がたつ時がある。学生時代のことである。例によって、しつっこく「何で忙しいんだ」と質問されて困った時があった。「色々と考え事をしている」と答えて納得するような相手ではなかった。

最後に、仕方なく「試験勉強で忙しい」といったら、「はやく、それをいやあいいんだよ」といわれて、腹が立つような、相手が可哀そうなような気持になった記憶がある。

もっと、ひどい時もあった。家族が外国にいっていて、僕一人で家のことをきりまわしていた。僕は本当に、夜も眠れぬ程忙しかったのである。僕はそれだけに、時々は、暇を見つけて、考えてもみたかった。

そんな時、例によって、「何で忙しいんだ」という問いをうけた。「家のことで忙しい」「家の何をやっているんだ」という。しつっこい質問である。「暇ができても、今は、ちょっと一人で考えたい」と主張しても、どうしても相手は納得しない。

考える時間を与えてほしい

職場の中にいれば忙しいに違いないが、それだけが大切な時間ではない。職場を離れた自由な時間は、すべて暇で、意味のない時間だと考えるのは大間違いだ。現代では「考える」などということは、全く生活の中から除外されている。そして会社の中にいる、その時だけが重要なことのように考えられているのだ。

僕は今、先生をしている。だから、「学校の講義で、その時間はふさがっている」といえば、相手は納得する。しかし、学校内を一歩出てしまえば、相手は、如何なる僕の行動も認めない。「生徒と一緒にテニスをしている」などといえば、もう認めない。生徒と一緒に遊ぶこと、そして、一緒に考えることは、今の僕の生活の重要な一部分なのだが、彼等は、電話連絡のつくところにいないかぎり、忙しいとは認めてくれないのだ。

「忙しい」ということも、すべて規格化されているのだ。会社の中にいる、学校の中にいる。それ以外のことは決して「忙しい」とは認めない。「考える」ことが生活の中にはいっていないばかりでなく、生活というものを、すべて、一定のワクの中にいれてしまっているのだ。会社員は会社にいくこと、先生は講義をすること、これが生活なのである。

研究所にいっている僕の大学時代の親友が憤慨していた。「僕の仕事は研究なんだ。ところが家で勉強するとなると、もう人は認めてくれない。遊んでいる時間として、いろいろの会に出ることを強制される。研究所の中にいれば、それは仕事中として認めてくれる。実にけしからん」と。

僕についてもいえる。自分の生徒と遊ぶこと、そして、たえず共に悩んでやることは大切な仕事の一部なのだが、人は、そうは思わない。「そんなに、生徒といつも遊んでいるのに、どうして、こっちにはこられないんだ」という。

会社生活だけが高級なのか

大学出たてのサラリーマンのなかには、まるで、生きるということが、役所にいったり、会社にいったり、学校にいったり、研究所にいったりして、上役に頭を下げることだけだと思っているのじゃないかと疑いたくなるのまでいる。春の朝には、ウグイスの鳴き声をききながらマキを割り、夜にはそのパチパチという音を楽しんで読書することは生活でなく、会社や学校や役所にいってハンコを押すことが生活なのだから驚く。ウグイスの声をききながらマキを割ることができないという考え方ならわかるが、何も考えずにただ夢中で会社や学校や役所に通う生活の方が高級生活だと思っているのが、僕には理解できない。

勿論会社や研究所や、学校にいって働くことによって社会の為に働いているという誇りをもっているのなら、話は全然別である。しかし、目の輝きからいって、どうしても、そんな誇りに満ちていると思われないサラリーマンが、生きることが会社や役所や学校にいくことのように思っているのを見ると、さすがに人間の悲哀を感じる。

食堂は飯をくうだけのところか

大学の時の山の友達で建築家がいる。その人が、会社の寮の建築をする時、食堂をどうするかで他の人と意見が分かれたという。彼は、朝は朝陽を見ながらすがすがしい気持で朝食をとり、夕食は一日の疲れをいやしながらゆったりと食事をできるように食堂の位置、格好を考えたという。しかし他の人は食堂には飯をくう場所としての機能しか考えなかったとなげいている。

生きるということはどういうことかなどということは今や全く考えられなくなっているのだ。

ある役所に入ったばかりのホヤホヤの人に会って話をしていたら、「今度の次官は○○

派だから俺の課はいいんだ」と得意になっていた。僕はしみじみそいつの顔をみてしまった。官吏になってわずか六ヶ月、はやくもこの状態である。その男は、そんな派閥あらそいに目の色をかえて、一喜一憂しているうちに、それだけのことで死んでいってしまうということに気がついていないのである。僕はその時、本当にそいつが可哀そうになってしまった。サルの集団だってボスがいるし派閥あらそいがある。

生きるとはどういうことか、これだけはたえず考えながら毎日を送らなければならない。人間が使命感をもって働くようになるためには、やはり、社会とはどういうものか、生きるとはどういうことか、就職とはどういうものかということがわかってからである。欲求不満の人の働きは単なるエゴの満足を求めるものになる。

本当の仕事というものはそう簡単にできるものではない。本当の勉強というものはそう簡単にできるものではない。本当の生活というものはそう簡単にできるものではない。

現代のエリートはしあわせか

生きるとはどういうことかを考えずに生きるならば、たちまち職場の派閥あらそいにまきこまれて神経をすりへらしてしまう。上役の笑顔で喜び、不機嫌な顔にビクビクして一生が終っていく。せっかく生れてきて、生命の燃えさかることなく、上役の顔色に自分の感情を左右されて死んでいってしまうのだ。

生きるとはどういうことかを考えながら生きる時、人のことを気にするのがいかにおろかであるかが実感されてくるだろう。気にしない、気にしないということがどれ程大切か実感されてくるだろう。

夏には、どんなに暑くても背広を着る。背広を着ていなければ大企業の社員とは思われないからだという。生きるとはどういうことかを忘れて夢中になると、このような日常茶飯の小さな一つ一つの出来事にまで影響してくる。人のことを気にして、一生やりたいこともやれずに死んでいくということになる。

僕は、食べる為にはどうしてもそれ以外に方法がないという人が、そのように生きるのは仕方ないと思う。一日もはやく、そういう人がいなくなる社会をつくらねばならないと思っている。しかし、大学卒の大企業の社員やエリート官僚が、上役の顔色を窺い、派閥争いでその生涯を終るのは理解できない。まして彼等がエリート意識をもっているにいたっては、あきれるばかりである。

彼等こそ、上役の顔色を気にしないでは生きていかれない人が、一日もはやくこの世からいなくなるように努力しなければならない人達なのだ。その彼等がエリート意識をもち、上役の顔色をうかがって生涯を終るとは言語道断である。

この本には、所々にサラリーマンを非難しているところがある。それはそれとして、それを書いている私は、逆の意味で同じように批判されるものとしてある。ウルフがノイローゼの一つの形として、次のような形について書いている。

バランスを欠いて一つのことにばかりエネルギーをそそぎ込むことによる現実逃避という型である。彼は〈がむしゃらな神経症患者〉と言っている。例としては、次のようなものだと言う。自分の社会的、或いは性的な責任を回避して、全精力を仕事にそそぐ仕事中毒のビジネスマン。また逆に全ての価値を性に求めるようなドンファン。急いでいるということが、彼らの基調だと言う。緊張して焦っているのである。

ところで、当時の私とサラリーマンがどうしてそのような〈がむしゃらな神経症患者〉であったかというと、サラリーマンの生活の仕方も偏りすぎているが、私の言うことも偏りすぎているのである。当時の私は、サラリーマンとして社会の中で働くことの意義を過小評価しすぎている。そしてバランスを欠いて、逆の意味での愛情とか私生活の重要性が叫ばれ過ぎている。

仕事中毒のビジネスマンも〈がむしゃらな神経症患者〉かも知れないが、おなじようにドンファンも神経症患者である。そうであれば、本文に書かれているサラリーマンが神経症患者であるのとおなじように、私は逆の意味で一つのことを強調しすぎる神経症患者であろう。ウルフの表現を借りれば、戦線の単一な戦区に襲撃を加えることによる現実逃避。傷つくことから自分を守るために、故意に一つのことを強調しすぎるのである。

当時の私で言えば、サラリーマンの価値を認めてしまえば自分が傷つくから、逆の価値を過大評価するのである。これみよがしにある価値を強調するのは、反対の価値を心の底で感じているのである。しかしそれを認めることが出来ない。なぜなら、それを認めると自分の価値が否定されるように錯覚するからである。

普通に生きるということがひどく神経症的自尊心を傷つけるということがある。そんな時にサラリーマンを蔑視して、普通に生きるという責任を回避する。普通に生きるという責任を引き受けることの方が、どれほど自信のある生き方であるかわからない。自分に自信がないから誰かを蔑視しなければならないのである。

あとがき

ここに書いたことは、誰でもが承知していることなのかもしれない。いわば耳にタコができる程聞いている常識なのかも知れない。問題は、知っていながらできないところにあるのだろう。たしかに、これを書きながら、自分自身にいいきかせていることもたくさんあった。しかしそのほとんどは現在では自分の身について血と肉となってしまったものなのだ。

僕は幸か不幸か優秀ではない。自分で優秀でないと思っているのではなく、友達がいっているのだ。いわば僕と友達の一致した意見だ。その優秀でない平凡な僕が、日夜努力をつづけてたどりついた精神状態がこれである。いってみれば、努力さえすれば誰でもここまではこられるという例である。そんなことはわかっているといって、なげてしまわなければ、必ず到達し得るところである。そして、一度、生命の奥から湧き上がってくる歓喜を味わうならば、もう、その時からごまかしの生活よりも、本当の生活を送らざるを得なくなる筈だ。

ここに書いたことは、人間の不幸や幸福を深く分析したわけでもなければ、人間の宿命を鋭く追求したものでもない。しかしみんな本当のことなんだ。人生の問題を鋭く追求したすぐれた小説はたくさん書かれている。また一方、苦しみの一時のがれの方法を書いた人生論もある。しかし、単純な本当のことを本当のこととして馬鹿みたいに書いた人生論はなくなった。みんな小利口になってしまった。ずるくなった。正攻法がはやらなくなった。小さい頃から試験技術できたえられたからだろうか、小手先の一時のがれの逃げの技術ばかりがはやっている。本当は驚く程単純な真理を真理として受け入れられなくなった。

今こそ、幼児のような素直さをもって、ここに書いてあるような本当のことを、じっくり考えてみる必要があるのではないかと思って書いた。

今の人間は頭がいいのか、悪いのか知らぬが、すべてを利口に計算してたちまわる。僕のような馬鹿な生き方はもう時代遅れなのかもしれない。今の人は利益計算はうまいが、一番大切な、一番大きな、人生の計算をしないようだ。

自慢じゃないが、俺は優秀ではない。優秀でなくても、幸せだ。誰がなんといおうと絶対幸せだ。優秀な人間でなければ幸せになれないと思ったら大間違いだ。俺を見ろ！　俺の人生を見てみろ！

僕も昔は、優秀でない自分は、幸せになれないと思った時もあった。しかし、今、幸せをつかんでみると、どうしても、これだけのことは、いわずにはいられなかったのだ。叫ばずにはいられなかったのだ。人間は誰でも今よりもっと幸せになれる。そのことを、いわずにはいられなかったのだ。心の持ち方ひとつで、今より幸せになれるという、あまりにもあきらかなことを、どうしても、もう一度叫ばずにはいられなかったのだ。

俺を見てみろ！　俺の青春を見てみろ！　頭のわるい俺の人生を見てみろ！

幸せだ幸せだと余りにも極端に誇示することには、なにか不自然さがある。たとえ、多少は不幸なところがあっても、不幸であることを素直に認められないのである。それは他人に弱点を見抜かれまいとして用心しているのと似ている心理である。他人に弱点を見抜かれまいとして、いつも身構えている人がいる。劣等感の強い人である。同じように自分と他人に不幸を見抜かれまいとして身構えているのである。

そうした点では、確かに劣等感は生きることの重荷である。自分が幸せなのを皆に見せてやるというのは行き過ぎである。反抗的幸福とでも言ったらいいのであろうか。余りにも人と張り合いすぎる。劣等感があるから、幸福になるために懸命になり過ぎるのであろう。幸福であることが、まるで相手の鼻をあかすようにさえ思っているのではないか。

自分が幸福だと思い込むことで、自分はどのような感情を味わうことを避けようとしているのか、と自分に尋ねてみることである。もしかしたら、自分は劣っているという感情かも知れないし、自分は皆に負けているという感情かも知れない。

幸福であることによって、皆に復讐しようとしているかのごときである。だからといって、書いてあることがみな自分の無意識下の復讐心から書かれたものというのではない。そういう所もあるというのが、素直な解釈のように思う。とにかく生き抜くことに必死だったのである。

さらにこの本を読んでいると、劣等感の強さに驚くところがある。はし書きにも、あと書きにも、頭が悪い、優秀でないと、しきりに誇張して書いている。異常に優秀さに拘っているのである。自分が優秀でないということに拘る。それほど拘ることはない問題である。

劣等感の強い人は、自分の欠点に拘る。或いは逆に拘る人が劣等感の強い人と言ったほうがいいかもしれない。いずれにしても欠点があることが問題なのではなく、欠点に拘ることが問題なのである。比較魔と同じように拘り魔なのである。

では、なぜそんなに拘るのであろうか。対人恐怖症の人も自分の欠点と思っていることに拘る。赤面する自分をふがいないと思う。そして赤面する自分に自分の注意が囚われてしまうという。普通の人は赤面しても、そのことをそんな重大事に考えない。だから赤面する自分に自分の注意が囚われない。

やはり自分の欠点に囚われる人は、心に葛藤のある人なのであろう。そしてその葛藤を優秀であること、栄光で解決しようとしているのである。つまり普通の人は、その状態をそんなに拘らない。心に葛藤があるからこそ、他人に対して自分が完全に映ろうということである。

他人が自分に対して完全でないのに、どうして自分は他人に対して完全でなければばならないのか。

おそらく私は、劣っていると意識するにも拘らず、優れたいと願っていたのである。しかしその願いが強ければ強いほど劣等感は深刻であり、自分は幸せにはなれない。そこで必死になって自分のなかにある消し難い願望を否定していたのである。劣っている自分を受け入れようとする必死の戦いが、この本であるに違いない。

新版へのあとがき

私は二〇代の初めの頃から本を書き始めた。初めの頃出版した本には、よくここに書いてあるように他人と自分を比較するなということを書いた。

当時、私は何かにつけて他人と自分を比較して考えていた。あの人はこうなのに自分はこうだ、あの人にこれができるのに自分にはできない、あの人にはこれがないのに自分にはこれがある、そしてあの人のようになりたい、あの人のようになりたくないと、たえず他人と自分を比較して、うらやましがったり、得意になったりしていた。比較したくて比較しているのではない、比較しまいとしてもしてしまうのである。したがって、生きることが辛かった。

そこで自分に言い聞かせるように、他人と自分を比較するなと書いていたのである。私は他人と自分の比較を止めれば、劣等感から解放されると思っていた。本を書き始めるまでも心理学をよく勉強していたが、それ以後も心理学の勉強を続けていくうちに、これは逆だということが分かってきた。つまり、自分で自分を軽蔑してしまうから、他人と自分を比較してしまうので、比較するから劣等感に悩まされるのではないということである。

詩人の三木卓氏が「PHP」という雑誌に、次のようなことを書いている。学生時代に現代文学等についていっぱしの批評などしていた人で、自分が作品を書くと驚くほど稚いものを書く人がいるという。そういう人は、一度書いて仲間の反響を聞くと、二度と書かないという。では文学を続けてきた人はどういう人かというと、「自分の作品が、宮沢賢治や西脇順三郎に比べてはるかに見劣りのする作品であることは、充分承知しているのだが、だからといっていきなりがっかりしてペンを捨てたりしない。自分が見劣りのするものしか書けないとしても、それがどうだろう。今こうして自分の作品を書いていることがたのしいのだ」。

私もこの心境でいつも原稿を書いている。自分に書けるものを書けばいい。大切なことは精いっぱい書くことである。

人生を有意義に生きる人というのは、自分よりあの人の方が優れたものを書くとか、自分の書いたものの方が良いものだとか、そんなことを気にする人ではない。ただただ夢中で自分のものを書く人である。自分の能力が自分にとって大切なのであって、人の能力は自分とは関係ない。

若い頃の私は、他人が自分をどう見ているかいつも気にしていた。他人に自分を良く印象づけようといつも気を張っていた。そんな訳でいつも疲れていた。人間はストレスから疲れる。

他人に良く思ってもらうためだけに生きていれば、内面的な情緒の成熟はない。そうした点で、私は自己喪失しかかっていた。自己不在の人ほど自意識過剰である。

この本の中から学ぶところは学び、それ以外のところからは学ばないようにしてもらいたい。それ以外のところとは、この本の中には真実を求めるという口実のもとに、実は真の障害に立ち向うことを避けようとしているところが何箇所かある。一口で言えば自己防衛である。自分が傷つかないように自分を守るための主張、それらのものがこの本の中にないわけではない。

自分に自信のない人は神経症的自尊心が傷つくのを避けるために、あることを言いはるということがよくある。加筆の部分で、それを示したものもあるが、示していないところもある。

先にも書いたように、そんな私は必死になってものを書き始めた。他人に気にいってもらおうとするばかりの生き方ではいけないと、自分に言い聞かせていたのである。

その当時書いたものは、まことに大人の目から見るととんでもないできそこないであるが、では成熟した大人になったらこれよりいいものを書けるかというと、必ずしもそうではない。情緒的に成熟した大人にはない熱気がやはり若い頃にはある。

大人の書いたものには大人の書いたものの良さがあり、若い頃に書いたものには若い頃に書いたものの良さがある。若い頃に書いたものに大人の書いた質の高さを求めることは、白鳥に良い声で鳴くことを期待するようなものだと思い、改訂に当ってても書き直すことを止めた。白鳥に良い声で鳴くことを期待するなとは、シーベリーの言葉である。

カレン・ホルナイは最終講義で「患者は色々な障害を述べる。しかし、しばしば患者の言う障害よりも、インナー・オブスタクルズ（内なる障害）の方が重要である。」と述べている。

(Karen Horney, Final Lectures, Edited by Douglash. Ingram., M.D., W.W.Norton & Company, Inc., 1987, p.52)

半世紀近く前に書いた「俺には俺の生き方がある」という主張が今も正しいと信じている。

しかし半世紀たって読み返してみると、最大の弱点は、「俺には俺の生き方がある」という主張をしている本人が、自分自身の内的障害に気が付いていないことである。

「臨床的には、いかなる意味でもうつ病ではないのに、うつ病という言葉を使う人」がいるとアーロン・ベックは述べている。

(aaron T. Beck, Depression, University of Pennsylvania Press, 1967, p.67)

患者が「うつ病ですといった時には、検査をする人は、その患者の言外の意味を考えるべきである。」

(ibid., P.16)

同じことはセリグマンも言っている。

自分は心の問題を抱えているから、劣等感に悩まされているという視点がない限り劣等感から解放されることはないだろう。

人生に適切な目的を持つためには、著者も読者も自分の内的障害を認めることが前提である。その上で、視点が増えて、自立が出来てきて、意識領域の拡大が出来てくる。

自分の心の内的障害に気がつくことで「俺には俺の生き方がある」と主張する著者も読者も、さらに一段と成長する。

著者

本書は、『俺には俺の生き方がある』（1969年刊行）を基に大幅な加筆、再編集した『人と張り合わない生き方』（1990年刊行）を底本としています。今回の文庫化にあたり、初版時のタイトルに改題し、改めて再編集を行いました。

加藤諦三（かとう・たいぞう）

1938年、東京に生まれる。東京大学教養学部教養学科を卒業、同大学院社会学研究科修士課程を修了。早稲田大学名誉教授、ハーバード大学ライシャワー研究所客員研究員、日本精神衛生学会顧問。ラジオのテレフォン人生相談で、半世紀以上出演中。著作は文庫を含めると600冊以上、海外での翻訳出版されたものは約100冊、アメリカ、カナダ、ドイツ、フィリピン、韓国など世界中で、講義、講演を行なっている。外国の著作で日本語に翻訳したものは、40冊以上。

だいわ文庫

俺《おれ》には俺《おれ》の生《い》き方《かた》がある

著者　加《か》藤《とう》諦《たい》三《ぞう》

二〇二一年一二月一五日第一刷発行

発行者　佐藤靖
発行所　大和《だいわ》書房
東京都文京区関口一－三三－四 〒一一二－〇〇一四
電話 〇三－三二〇三－四五一一

フォーマットデザイン　鈴木成一デザイン室
カバーデザイン　小口翔平＋三沢稜（tobufune）
本文デザイン　荒井雅美（トモエキコウ）
本文印刷　信毎書籍印刷
カバー印刷　歩プロセス
製本　ナショナル製本

ISBN978-4-479-30895-9

http://www.daiwashobo.co.jp